サークルガーデン。「おひとり農業」なら農作業の効率よりも野菜たちの生育効率を考えたほうがいい。太陽は曲線で動くので畑の畝《うね》も曲線にしてみると、1日中日当たりが良くなる。サークルガーデンは強すぎる水の流れも風の流れも堰《せ》き止めて緩やかにすることができ、災害にも強い畑になる。しかも畑が可愛くなるので、みんなが集う場所になる。人が集まる畑の野菜はなぜかよく育つ

自給農セミナーにて、苗の植え方を伝える著者。苗の植え方ひとつでその後の根の張り方が変わってくるとても大切なポイント

自給用のシャツやパンツを藍染するために蓼藍《たであい》を栽培。この後、葉っぱだけを収穫し乾燥させた後に水をかけて3か月発酵させる

自給用に収穫した固定種の野菜たち。真黒《しんくろ》茄子、四葉胡瓜、アロイトマト、チャドウィックチェリートマト。生食で余ったら保存食に

自家用に醸《かも》している醤油麹。この量で20升の醤油になる。使用する小麦も大豆も無農薬で自家栽培したもの

はじめに

もうひとつの視点

今のあなたは平和な暮らしをしているかもしれません。

たとえば伴侶がいて愛し合い、子どもがいて愛しく思い、親がいて暮らしに困っていないとか。仕事は順調で収入にも満足し、望んでいた地位にも近づけ、やりたいことも障害なく始めることができる。大きな病気をすることもなく、耐えきれないほどの嫌がらせを受けることもなく。

世の中ではいろいろなことが起き、ニュースは騒がしく、税金は高くなり、環境は汚染され、政治家たちの汚職が問題視されていたとしても、今の暮らしに大きな影響はないかもしれません。

もちろんそれはそれでいいのです。何も悪いことはありません。そのまま家族を愛し、平和に暮らしていけるなら、それに越したことはないのです。

ただ、僕は**もうひとつ別の視点を持っておくべき**だと感じています。

その視点とは何か。これから僕が書くことは、決して皆さんに直接関わることではないかもしれません。まったく別の世界の出来事かもしれませんし、もしかすると知るきっかけにすらならないかもしれません。

でも、とても大事な視点ですので、ぜひこれから書くことをしっかりと読んでみてください。そしてしっかりと記憶してください。いつか必ず、**この視点を持っていてよかった**と思えるときが来るはずです。

もったいぶった書き方で始めましたが、決して特別なことを書こうとしているわけではなく、単に人間という動物の歴史を遡《さかのぼ》ってみることで、今の自分の暮らしがいかに不自然であるかということ知ってほしいと思っているだけです。

実に当たり前のことを書こうとしているのですが、それが当たり前だと思えなくなっていることが問題なのです。

〝今、あなたの命を作り出しているものは、いったい誰が生み出したものですか？〟

よく考えてください。あなたの身体は多くの器官でできています。皮膚も肉も脂肪も、内臓も骨も血も。そして思考を司るその脳も。その器官を作るために必要なものはなんでしょうか。多くは**タンパク質と炭水化物とミネラル**です。

ではタンパク質と炭水化物は何でできているでしょうか。何千種類もあるタンパク質も、脂肪や酸を含む炭水化物も、**水と空気**でできています。水と、空気の中にある炭酸ガスと窒素ガスで、あなたの身体のタンパク質や炭水化物ができているのです。

ではミネラルはどこからもらっているかというと、他の生物からです。動物の肉や血を食べ、あるいは植物を食べ、その食べものを体内で分解することでミネラルを得ています。

ではさらに、どうやって食べものを分解し、ミネラルを得ているのでしょうか。それは消化用の酸と腸内細菌の活動です。つまり他の生物の力を借りてミネラルを得ているわけです。

ここでよく考えてみてください。

その水はどこから誰が採水したものでしょうか。そしてどのようにあなたの目の前に運ばれてきたものでしょうか。空気はどのように作られていますか？　その空気は汚れていませんか？　あなたがミネラルを体内に取り込むために食べている動物や植物は、誰がどのようにして作ったものでしょうか。そしてどのようにして目の前に運び込まれたものでしょうか。

あなたの幸せは、今のあなたの健康な身体があってのことです。その身体を作るために毎日のように食べているものを、あなたはどのくらい正確に掴《つか》んでいるのかということです。

もし、それらがあずかり知らないところで誰かの手によって汚染されていたらどうなるのか。おそらくあなたの身体も汚染されることになります。身体が汚染されてしまえば、今の幸せをずっと長く維持できるかというと、とても怪しくなりますよね？　そのくらい幸せとは脆《もろ》いものなのです。

決して脅かしているつもりはありません。でもこの章を読むにあたり、どうしても**「幸せを維持する」ために必要な視点**を持ってほしいのです。

この本のタイトルは**「おひとり農業」**と名づけられました。

誤解のないように書いておくなら、決して「独りきりで農業をやりなさい」と言いたいのではなく、かつ「独りで生きていきなさい」と言いたいのでもありません。

真意は逆です。自分の視点で、自分の感性で、食べるものの一部でもいいから作ってみてほしい。それを通して生きていることや感じていることを実感していただきたい。そんな思いが込められています。


そういう人が1人でも多く増えてくれることで、この世界の見え方がもっと変わるかもしれません。そういう大きなことでなくとも、少なからず自分の人生を、しっかり自分の感性で生きていける喜びを味わえるかもしれません。

この本がそのきっかけになってくれることを願っています。

岡本よりたか

おひとり農業　目次

第2章

そもそも「野菜」って、どうやって作るのか？

第3章

まずは「土」のことを学ぶ

第4章

巡る季節の野菜作り基本の〝き〟

第5章

暮らしに合った「種薪き」カレンダーを作ろう

第6章

四季折々に作る調味料と保存食

おわりに 生きぬくために自分でできること

第1章

生きぬくための「買う」から「つくる」へ

縄文時代の生き方を見つめてみる

さて、「はじめに」で触れたその視点を持ってもらうために、時代を遡ってみることにします。時は、旧石器時代が終わり、**縄文時代**に入ります。縄文時代は今から1万6500年前に始まり、なんと**1万3000も続いた時代**です。

この時代の食べものを得る手段は**狩猟採集**でした。人々の仕事は食べものを得ることです。仕事が食べものを得ることというのは、動物であろうが植物であろうが微生物であろうが変わりません。

今、皆さんはいろいろな仕事をされていると思いますが、それらは、結局は**食べものを得るために働いている**と言っても過言ではありません。

もちろん、趣味や娯楽のためということでもあるでしょう。しかし最終的には食べものを得るのが目的です。縄文時代もすべての人々が食べものを得るために1日を費やしていたわけです。

海や川に行き、魚介類を採集し、山に行き、山菜や木の実を採集する。大きな獲物は動物です。冬になると、食べものを失ったイノシシやシカが山を降りてきて、それを捕らえて食べていました。

もちろんそれだけではなく、栽培も一部していたようです。

たとえばエゴマやリョクトウやシソ、そして食べものではないですが、ヒョウタンなどを作っていました。狩猟採集というと、移動生活を思い浮かべるかもしれません。しかし**縄文時代は定住生活が基本**でした。

定住していたからこそ栽培もできたわけですが、縄文人がなぜ定住していたかというと、それには**日本の豊かな気候**が関係していました。

旧石器時代、日本の気候は安定していなかったといいます。

各地で天災や災害が起きると、その場に留まることが難しくなります。なぜなら、災害によって食べるものが失われていくからです。川が氾濫《はんらん》し、山が噴火し、雨風が強くなり、あるいは気温が低下すると、周りから食べものがなくなります。

川は汚濁《おじょく》し、山の木々は倒れてしまいますから、そこに棲《す》む生命は減っていきます。

そうなると、場所を移動せざるをえません。移動手段は徒歩です。移動の根拠は災害や気候変動ですから、移動するなら遠くに行かなくてはなりませんが、体力のない女性や小さな子どもの移動は難しかったかもしれません。

荷物も多くは持って行けません。つまり、移動生活は民族の減少にもつながってしまいます。

しかし、縄文時代になり、豊かな自然が保たれるようになれば、リスクのある移動をしなくて済むようになります。周りには木々があり、澄んだ川や海があり、温暖な気候と太陽があり、植物は芽を出し、木の実がたくさん生《な》り、動物も増えていきます。

そんな豊かな自然に囲まれていれば、春には山菜を採集し、夏には魚や貝を採集し、秋には木の実や根っこを採集し、冬には獣を捕らえて保存食を作れば、一年中、その地に留まり続けられます。

採集するときに、小さな芽や魚や貝は残し、種を着けたものは採種せずに乱獲しなければ、来年もたわわに実を生らしてくれますから、一生その場から動く必要はなくなります。

縄文時代は…

縄文時代は、狩猟採取と
自然の恵み、そしてわずかな
栽培で暮らしていた
竪穴式住居
山で狩猟
魚貝類、木の実果実野草など
畑で栽培

ただ、定住となると家が必要になります。必要なのは家だけではなく、家族や仲間が死んだときのお墓や廃棄物を集める場所も必要になります。

だから、縄文人は倒れた針葉樹を使って竪穴式住居《たてあなしきじゅうきょ》を建て、家の玄関に亡くなった家族を埋葬し、仲間が集まり広場を作って祭壇を作り、神に祈り、情報を共有し、貝塚を作って廃棄物処理を行うようになりました。つまり**共同で暮らしを作っていく**ということです。

定住するようになれば、争いは破滅を意味するようになります。移動生活であれば、争いが起きそうなら別れればそれで済みますが、定住なのですから、できるだけ仲良く暮らす必要があります。

だからこそルールが作られていきます。そのルールは誰かを拘束するというルールではなく、**仲間同士助け合うためのルール作り**でした。

また、その豊かな自然の恵みを失わないために、縄文人たちは神への感謝も忘れていません。仕事のほとんどは食べものを手に入れることですから、それ以外の時間は定住のために必要になった道具を作り、その道具にも神への感謝を込めていきます。

縄文時代の土器がデコラティブなのには、そういう理由があったのではないかと僕は思います。神は万物に宿るという考えは、実はその時代からあったのでしょう。だから道具にも魂を込め、そして大切に使い、ある程度使った道具は土に埋めて、大地の神に返していったのではないでしょうか。

食べものが身体を作るという考えも当然ありました。縄文時代の人たちは、病になれば死に直結してしまいます。だからこそ、人が手を加えない自然の恵みを季節の折々にいただきながら暮らしていたのだと思うわけです。

ところが、1万3000年も経つと、人口もある程度増えてきて、かつ豊かだった日本の自然も次第に壊れ始めます。それは寒冷化の訪れが原因でした。

縄文時代の人たちは、自然の恵みにより生きながらえていたからこそ、狩猟採集にはちゃんとしたルールを設け、乱獲を避け、成熟した雄の獣だけを捕らえ、木々を守り続けてきたのですが、寒冷化によって狩猟採集だけでは食料の確保が難しくなっていきました。

氷河期をも乗り越えてきた人類でしたが、しっかりとした農作物栽培という手段を持っていなかった縄文時代の暮らし方では、とても暮らしにくくなったわけです。いや、正確に言えば栽培は行っていました。しかし、大量に食料を確保できるような栽培ではありません。大量に食料を確保する栽培を行うには、大規模な開墾《かいこん》が必要だったからです。

ところが、自然の恵みを大切にしてきた縄文人たちは、自然を壊すような大規模な開墾は行いませんでした。

弥生時代に見る反省点

時代はやがて弥生時代に入ります。

弥生時代に入るというよりも、狩猟採集を主としていた暮らしでは定住するのが難しくなってきた時代ですから、当然、栽培を優先せざるをえません。そんなときに日本に入ってきたのが**水田稲作**です。穀物を主として食べる、本格的な農耕民族の始まりです。

それまではシソやエゴマやリョクトウなどの栽培しかしておらず、しかも大量に栽培するようなものではありませんでした。どちらかというとヒョウタンを栽培して水入れに使うとか、道具作りとしての栽培だったのですが、稲作となると大規模に行わざるをえません。

1人が1年間に食べる穀物の量はそれなりに必要です。今のようにおかずとなるものがたくさんあるわけではないので、本来なら1人1年で300kgほどのお米を食べる必要があるのだと思いますが、その半分以下の1人1年130kgの収穫が限界だったといいます。

しかも、その当時の稲作ですから、今のように機械もなく、肥料や農薬があるわけでもありませんし、動物による被害もあったでしょうから、それなりの面積で栽培する必要があり、かつそれだけの土地を確保し、開墾し、メンテナンスする必要があります。

しかも鍬《くわ》などの道具も作らなくてはならず、水も引いてこなくてはならず、保存や調理のための道具も必要です。そうなると仕事量が圧倒的に増えていきますので、道具も、より使い勝手が良く、シンプルなものに変わっていくことになります。だから弥生時代の土器は縄文時代の土器よりもシンプルな形状をしていたのかもしれません。

実は弥生時代は縄文時代ほど長く続きませんでした。たった700年で終わったその理由はいろいろと言われていますが、おそらく人々に身分の差が生まれたことが大きかったのでしょう。

豊作になれば食べものを保管する人たちが現れ、その保管量によって、つまり収穫量によって貧富の差が生まれ、その結果が身分の差につながります。

収穫量の多さは、栽培の技術革新とも関係しています。より技術を高めた人たちや集落は豊かになり、技術革新の遅れた集落は貧しくなっていくわけです。それともちろん、保有する土地の広さです。広い土地を確保できればできるほど、収穫量は増えていきます。

弥生時代になると...
弥生時代になると
食料を保管し、それが
元で戦いが始まる
高床式倉庫
戦い用の武器が作られる
水田稲作がはじまる
土器はシンプルになる

さらに集落が大きくなるにつれ、食べものを介した集落同士の争いが増えていきます。その争いは人が人を殺すという殺戮《さつりく》にまで発展していったと言います。集落の周りには濠《ほり》が造られ、造られた武器は大型化し、殺戮の対象は人となっていく。つまり、栽培という手段が生まれ、その栽培の技術が上がり、土地の確保が命題になるにつれ、**戦争が起き、人々は争い、そして消滅していった**わけです。

さて、よく考えてみてください。現代はどうでしょうか。

日本の気候は壊れつつあります。天候不順も多くなり、長雨や干ばつが起きるようになりました。それは地球の気候が変わっただけではなく、今の人々の科学技術の進歩によるものでもあります。

そのため、逆説的になりますが、気候に対応するために栽培技術はどんどん進化していきます。気候がおかしく、土壌が痩《や》せていけば、栽培技術を高めていくしかないからです。

そして多くの森を開墾し、草木を取り除き、山を崩して化学肥料を作り出し、石油を掘って農薬を作り、収穫量を増やそうとして、さらに自然環境は壊れます。

人口が増え続ける地球において、食べものをたくさん栽培するのは命題となってきました。しかしその反面、人々は化学肥料や農薬を使って土壌の力を弱めようとしています。

その弱った土壌では栽培がうまくいかないので、さらに農薬や肥料を多投します。そしてますます土壌を壊していきます。

多少、食べものの質が下がろうが、安全性をないがしろにしようが、食べものをできるだけたくさん生み出そうと考えるわけです。

当然争いも増えることでしょう。利益を追求する人たちも増えていくでしょう。結局のところ、弥生時代が終わったのと同じく、現代の食料事情もかなり不安定になり、今の時代がいつ終わりを迎えるかわからないということなのです。

現代の問題は食べものだけじゃない

平和で幸せならばそれでいいと、最初に書きました。

もちろんそこに偽りはありません。しかし幸せと感じる暮らしが本物なのか、あるいはいつまで続くのか……という点も忘れてはいけません。

身体は食べるもので作られます。その食べるものが汚染されてしまっていては、やがては身体も汚染されてしまうかもしれません。やはり健康あっての幸せだと思うのですが、その幸せを長く続かせるためにも、**今、食べているものを見直してみる**という行為も必要だと思います。

そう書くと、「自分は汚染されているものを食べているのか？」と思われるかもしれませんが、そういう意味ではありません。いや、汚染されていないほうが多いとは思います。

しかし人によって、汚染という言葉の意味合いが違います。僕が言いたいのは、その**食べものが汚染されているか、されていないかを知らなすぎる**ということです。

じゃあ汚染とは何か？　という点を僕なりの考え方で書いてみます。
ただ、それを書くには、現代の不自然な社会、経済最優先の社会について書く必要があります。

昔、**『複合汚染』**（有吉佐和子著・１９７５年新潮社刊）という小説がありました。今でもあると思うのですが、その本の中では多くの汚染物質についての記述があります。たとえば界面活性剤を含む洗剤の危険性、合成保存料や合成着色料などの食品添加物の問題、排気ガスの中の窒素酸化物や硫黄酸化物、公害を起こした多くの化学物質による汚染です。そして言うまでもなく、化学合成農薬や化学肥料、除草剤などの薬品による汚染も多く見られます。

それらひとつひとつをここで書くつもりはありませんが、確かに今の日本ではこの複合汚染が問題になっているのは事実でしょう。それは環境汚染という形で多くの方に指摘されていますが、僕は別の視点から説明してみることにします。

皆さんは、仕事をしていて「辛い」「苦しい」「やりたくない」「心が痛む」ということはありますでしょうか。少なくとも、僕がTVの仕事やITの仕事をしているときにはありました。

嫌な上司や嫌な取引先からの無理な注文や要求、そして追い立てられるような納品催促、良い商品を作りたいのにコスト面で手を抜かざるをえない製造過程、機械のような単純作業、人を騙《だま》すような詐欺的商品や販売方法、そして絶対に身体に悪いとわかっていながら、それらを止められない商品開発製造……。

仕事をしながら、これは絶対に世の中のためになっていないとわかっていながら、辞められない仕事というのがあります。なぜなら、もしこの手を止めてしまったら、自分の収入が途絶えるからです。

うっかり上司や取引先に逆らおうものなら、閑職《かんしょく》に追いやられるか、転勤を言い渡されるか、契約を切られるか、最悪、会社を退社することになります。だから悪いとわかっていても、あるいはやりたくないと強く思っていても、どうしても辞められないし、声を出せないことってあるものです。

収入が絶たれるのは死を意味するとまで思い、クビになるのが怖くて仕方がないのです。取引が停止されるのが怖くて仕方がないのです。

だけど、厳しいことを言いますが、そういう人たちがいるから、世の中は良くならないのです。やりたくないことは、社会のためにはなっていないことが多いものです。その仕事が社会のためになっているなら、良い世の中になるために貢献していることがわかるなら、やりたくなくなることはありません。

もちろん、仕事に慣れてきて他のことをしたいと思うことはあるでしょう。もっと上位のことをやるために、今の仕事を辞めたくなることもあります。

でも、そういうことではなく、後ろめたいとか心が痛むからやりたくないと思うなら、僕はすぐにでも辞めるべきだと思っています。そう思いながら辞めない人がいるから、世の中は良くならないのです。

たとえば、この食品添加物は入れたくないと思うならば、入れなきゃいけない仕事を辞めてしまえばいいのです。それをやる人がいなくなれば、食品添加物を入れることはそのうちなくなるかもしれません。

食品添加物を善だと思って、入れるべきだと思う人もいるでしょう。だから食品添加物が悪いとは言い切りません。でも、入れたくないと思うなら、自分の心に嘘をついてまで続けるべきではないのです。

「農薬は、本当は撒《ま》きたくないんだよ」と言う人もいます。「でも、入れないと買ってもらえない」という言い訳をしながら入れるぐらいなら、入れないほうがよほどマシです。農薬を使うことが絶対的に善であると信じるならばやめる必要はないかもしれません。でも、悪だと思いながら手を出すから僕はダメだと思うのです。

現代の問題点は、食べものだけではありません。そうやって本当は良くないと思いながらも、**やり続けなくては暮らしていけないようなシステムが問題**なのです。

これは貨幣経済の問題点でもあります。すべては貨幣によって価値を決められてしまいます。お金をたくさん稼げる人が成功者で、稼げない人が脱落者という概念があるから、間違った行動をする人が多いのです。

本当の価値とは何かを考え直す必要があります。

僕は講演でこんなたとえ話をします。

「ある木こりが木を切っているうちに、おむすびを落としてしまい、山の下まで転がっていってしまいました。

それを拾おうと山を降りているうちに日が暮れ、道に迷います。困っていると、山の中腹に1軒の家を見つけます。訪ねてみると、家主は親切に食事を出してくれて、「朝まで寝ていけ」と言ってくれました。

お言葉に甘えて一晩を過ごし、さて帰ろうとしたら、その家の大事な柱が一本腐りかけている。このまま放っておくと家が傾くと思い、木こりは庭の木を1本切って、柱を交換してあげるのです。

お礼を言う家主に、木こりは一宿一飯のお礼ですと言って、帰って行く。このとき、一宿一飯と1本の柱の価値は同じになったわけです。

もしここでお金が介在すれば、一宿一飯のお礼に柱の交換では割に合いません。でも、お金を介さないから、価値は同じになるわけです」

お金というのは、物の価値を間違えて捉えてしまうきっかけになることがあります。

身を粉にし、心を鬼にして頑張ったその仕事の対価がたった数万円にしかならないのは、僕はおかしいと思います。

だけど、**人を大切に思う心はお金で価値を測ることができません。**お金にはならなくても、相手の心が癒されたこと、そして感謝されることが何よりの対価です。

もし、今、仕事をしていて苦しいとか、暮らしが楽にならないとか、息苦しく、生きづらいと思う

おむすびと大黒柱
「一宿一飯」と
「柱の取り替え」
お金を介さなければ
価値は同じ

なら、あなたの行為をお金に換えるのではなく、相手を癒すこと、感謝されることに換えてみる必要があります。

　ますますお金が入らなくなると思うことはありません。それは、結局、**お金がいらない暮らし方に変わっていく**ことにつながるからです。


　誰がどのような環境で作ったかわからない、人を不幸にするような食べものを食べるぐらいなら、自分で栽培し、自分で食べ、そしてその食べものが美味しくて安全だと思うなら、それを誰かに差し上げてみてください。そうすると、不思議と心が穏やかになります。そして**誰かのために尽くすことが最大の喜び**に変わります。

　そうなれば、あなたの周りの人たちも同じような考え方になり、そのうち、必ずあなたに何かを無償で与えてくれるはずです。そんな関係を多くの人たちと築けば、縄文時代の人たちのように、**お金がなくても本当の幸せな暮らし方が手に入る**と、僕は思います。

自然が壊されている

さて、化学肥料や化学合成農薬、あるいは除草剤。そして大型重機による圃場《ほじょう》整備や森林開墾、遺伝子組み換え種子やゲノム編集種子など、昨今は農業技術に関する進化が凄まじいように思います。

それらのおかげで世界中にいるこれだけの人間が食べものにありつけているのも事実ですし、干ばつや長雨、豪雨、気候変動、天変地異に対応できる食料生産技術が進んでいるのも理解しています。

さらには食料の流通技術も進歩し、日本だけでなく、世界中の食料が手に入るというのも事実ですし、何よりもその研究に勤しんでいる人たちがいるからこそ実現できている素晴らしい社会が、今ここにあります。それは否定しようがありません。

でも、その背景で、実は**環境破壊を起こしている**というのも事実です。

縄文時代から弥生時代に移行したのは、日本の豊かな環境が寒冷化によって壊れ始めたのが原因ではないかと書きました。豊かな実りがないと農耕をせざるをえません。環境が壊れていくのですから、栽培技術でそれを補おうというわけなのですが、よくよく考えてみると、その技術革新が結果的に環境破壊につながっているのではないかという見方もできます。

そうなると悪循環に入ります。環境が壊れ、栽培技術を進化させればさせるほど、さらに環境破壊が起きるということです。

たとえば、更なる食料増産のために森林を開墾し、圃場整備をしたとします。今までは膨大な量の植物が、二酸化炭素を吸収して酸素を生み出し、土壌中では酸素を吸収して二酸化炭素を生成していました。

しかし、その膨大な量の植物を排除し、大豆やトウモロコシなどの植物を栽培すれば、森林のときのような、たくさんの二酸化炭素は吸収されなくなります。さらには今まで大量の水分を保水し、それを蒸発させるという水の循環を行っていたものが途切れます。

また、太陽光は光合成に使われなくなり、直接地表面に降り注ぐことで、地表面が乾き、微生物も息絶え始めます。

そうなると何が起きるかといえば、二酸化炭素濃度の上昇です。二酸化炭素は通常、大気に対して質量比で０・０４１％ですが、その割合が少しでも大きくなれば気温上昇が起きます。また植物の保水能力が弱まってくれば、水の循環が止まって干ばつが起きやすくなります。

そこに大量の化学合成農薬や化学肥料を投入するのですから、土壌動物や土壌微生物が減ってしまい、土壌中にある有機物の分解も進まなくなり、土壌が硬くなり砂漠状態になっていきます。そこで慌ててトラクターなどで土を耕しますが、結局それが再び微生物が棲みにくい土壌を作り出すことになり、これが繰り返されていきます。

植物は二酸化炭素を酸素に替えてくれるわけですから、植物が減れば当然人間も動物も住みにくい環境になるでしょう。

すぐに棲めなくなるわけではありませんが、空気を浄化する仕組みも、水を循環する仕組みも、窒素や炭素の循環も途絶え始め、結局は**生命体の生きづらい環境**が作られていくのです。

農薬は虫を殺しますし、除草剤も然り。さらには窒素肥料や石灰などのカルシウム資材は土壌中の動物や微生物も減らしてしまいますので、気がついたときには、取り返しがつかないほどに土壌破壊と環境破壊が起きるのです。

やがて作物の不作が訪れます。現実に食料生産、特に穀物系の生産に影響が出始めており、さまざまな要因が重なってはいますが、穀物の価格が恐ろしく高くなってきています。

今の日本はお米以外の穀物はほぼ輸入に頼っていますので、価格上昇はストレートに生活費に影響を与えます。自炊する人にとっても、外食する人にとっても、値段上昇は抑えられず、どんどん食料危機が現実のものになってきています。

食料危機というと、今の日本ではピンと来ない人がほとんどです。

アフリカの貧しい国の食料不足の映像を見せられていると、日本にはスーパーマーケットに行っても八百屋に行っても、食べものはたくさん売っています。だから、あのアフリカの難民と比べて「どこが食料危機なのだろうか？」と疑問に思うことでしょう。しかし、確実に食料危機を迎えています。

日本のような経済が発達し、他国との貿易も盛んな国では、食料不足は確かに起きにくいのですが、**食料危機というのは食料がなくなることだけをいうのではありません。**食料の質が下がること、質が下がっているのに高値を推移すること、食料を作る動機が失われること、そして食料価格が自分たちでは到底コントロールできないところに置かれてしまうことも食料危機と言います。

もっと言うなら、安全だと思って食べている食べものによって健康を失っていくことも、十分に食料危機といっていいのではないでしょうか。

日本食料事情を考えてみてください。

食料の自給率はカロリーベースで38％、生産高ベースでは58％（2022年農林水産省調べ）といわれます。しかしこれは空虚な数字です。なぜなら、食料を生み出すために必要な化学肥料、化学合成農薬、そして種子までがほとんど輸入に頼っているからです。こうした資材や種子を含めた食料自給率を考えてみると、おそらく**限りな**

く0％に近いと思います。

もし、今日本への輸入が止められたら、日本での食料生産はほぼ止まってしまいます。現実に新型コロナウイルス禍のとき以来、農薬も肥料も種子もビニールや石油も、農業を行うのに必要な資材のほとんどが高騰しており、農家の懐は火の車です。

このままでは日本の農家は離農していくことでしょう。それを引き止めるために、日本政府は必死に助成金や補助金で農家を守ろうとはしてくれていますが、僕には本気度は見えず、明らかに離農が増えるでしょう。

そうなると、農業はどんどん集約化していきます。国はもともとそれが目的なので、渡りに船と思っているかもしれませんが、これは大変怖いことです。なぜなら、大規模化すればするほど効率化が求められるようになり、作物の安全性がないがしろにされる可能性があるからです。

事実、遺伝子組み換え種子やゲノム編集種子は、効率よく、かつ確実に、大量に栽培できるように遺伝子を改変しています。その結果、まだ理解がしっかりと及んでいないDNA改変によって、想定外のタンパク質やアレルゲンを生み出している可能性が出てきています。これらを手放しで安全であるとは言い切れないのではないでしょうか。背に腹は代えられないということで見過ごしていいような話ではないように、僕は思います。

そしてさらには効率化のために、農薬や肥料をなんの疑いもなく使用し、その根拠は農薬や肥料を販売するバイオテクノロジー企業の宣伝文句だけという悲しい現実。国は安全性を認めているとはいいつつも、バイオテクノロジー企業が出してくる資料だけで判断するので、仮に危険性があったとしても、結局は安全であるというお墨付きを与えてしまっています。

もう一度言います。**農薬や肥料は土壌を壊します**。なぜなら、土壌を作っているのは、土壌中の微生物や土壌動物や、虫や植物たちです。これらをすべて敵に回しているのが今の農業です。

土に植物が芽吹くから微生物が増え、その微生物が植物や虫たちを分解してミネラルを供給し、ミネラルが増えていくことで土は土壌に変わり、空気や水を適切にため込み、そして植物たちが元気に育つ環境が作られます。

しかし、そこに肥料で土壌動物を死滅させ、農薬で微生物を死滅させ、除草剤で植物を死滅させれば、土壌が壊れていくのは当然です。

微生物資材だとか、最近は土壌を考えた肥料や農薬もありますが、偏った微生物資材はむしろ土壌環境を悪くすることもありますし、結局は人間都合の土作りしかしないのですから、土壌が良くなるとは限りません。

だからこそ、今、食料危機にまっしぐらと僕は思うのです。

このままでは僕らの食べものは、たとえ量が増えたとしても、どんどん質は下がっていくでしょう。何せ安全性よりも効率性が優先されるのですから。そして食べものを使って、国や権力者は国民をコントロールしようと企《たくら》むでしょう。

食べものを抑えてしまえば、国民など簡単に抑えることができます。昔から、**「食を制するものは世界を制す」**と言うではありませんか。

縄文時代のように、自給を考えてみる

さて、縄文時代の話に戻ってみます。1万3000年間も続いた縄文時代にもう一度、思いを馳《は》せてみれば、縄文時代の人たちは、**自然からの恵み**をとても大切にしていました。周りに山菜や木の実、魚や貝、そして狩猟による獣肉。それらを失うことがないようにルールを決めていました。

山菜や木の実は次の種を残せるようにすべてを収穫せず、魚や貝の乱獲を制限し、成熟した雄の獣だけを仕留め、足りない分は栽培という方法で食べものを得ていました。争うこともなく、共に協力し合い、豊かな文化を育み、幸福に暮らしていたと思います。

1日の仕事は食べものを得ることだけ。それ以外の仕事は少なく、おそらくいつも笑い、歌い、子育てをしていたことでしょう。自分たちの食べものを汚染するようなことは一切しません。汚染物質を生み出せなかったといえばそうかもしれません。でも、自然を汚してはいけないという意識はとても強かったと思います。

たとえば、トイレは川に橋をかけて用足ししていたようです。その糞《ふん》は魚たちの栄養源となっていたことでしょう。今では川で用を足すのは環境汚染と思うかもしれませんが、今ほどの人口がいるわけでもなく、化学的なものを食べているわけでもなく、縄文時代の人たちの糞は汚れているという認識はなかったことでしょう。

もちろんお金という概念もありません。物品交換のための矢尻や穀物はあったようですが、あくまでも交換用の代替品であり、今のような価値を測るものではありませんん。だから矢尻を溜め込んで争いが起きるなどということもありません。

自然を汚さず、争いもない世界。それを実現しているのが**自給という暮らし方**なのです。自分で自分たちの食べものを手に入れ、あるいは栽培して生きていく。そうなれば、多くをため込む必要はありません。

ため込んだところで食べきれないし、腐るだけです。その日に必要な食べものだけを手に入れる暮らしでは、物々交換もありました。自分では手に入れられなかったものを、たくさん手に入れられたものと交換し、潤った暮らしをする。それこそ平和で幸せな暮らしです。

道具を作るのにも、思い入れがありました。複雑な装飾が施された「火焔《かえん》土器（縄文中期）」や「遮光《しゃこう》土器（縄文後期）」は「祭祀《さいし》用土器」といって、神、つまり自然や食べものの精霊を祀《まつ》るためのものと考えられます。食べものが豊富だった時代、人々には多くの時間があり、豊猟を祈っての宗教的儀式が盛んに行われていたのでしょう。本当の平和や幸福は、縄文時代の暮らし方にあったのではないか……と僕は思うのです。

だからこそ、この生きづらい現代において、僕はあえて縄文時代のように生きてみてはどうだろうか考えるようになりました。山菜や野草を食し、木の実や果実を採集し、そして小さな畑で自分のために野菜や穀物を栽培する。

今は、山に入っても食べるものを見つけるのは苦労しますので、畑で果樹や山菜を栽培し、それを採集して生きていく。そのとき環境を汚すようなものは一切使用しないこと。それは持続的に食べるものを手に入れるための最低限のルールです。環境が壊れれば、縄文時代が終わったときと同じように、豊かな収穫物が手に入らなくなるときが必ず来るからです。

縄文時代に思いを馳せて、生きるための術を身につけていきたいものです。

縄文時代のお金

縄文時代
縄文時代の物々交換に
貝やヤジリが使われた
物々交換は公平な取引だった
現代
現代は
お金を払う方が
立場が強い

生きぬくために

生きぬくというと、サバイバルな暮らしをイメージするかもしれません。現実にサバイバルな時代になってきたとは思いますが、命を長らえるという意味ではなく、**「生きぬく」とは他人に依存せずに生きていくこと**を意味しています。

先にも書いたように、現代は貨幣経済です。しかし、その貨幣というものには実体がありません。そう言われてもピンと来ないかもしれませんが、よくよく考えてみると、お金というものは誰が生み出しているかというと、それは銀行というシステムです。国債などといいますが、すべては銀行からの借り入れです。銀行はお金を貸すことでお金をどんどん増やしていきます。

もし僕がAという銀行に１００万円預けたとします。僕の通帳には１００万円と記録されることになりますが、その１００万円を銀行が別な人に貸し出すと、別な人の通帳にも１００万円と記録されます。この２つの通帳は、同時に１００万円を引き出すことができます。つまり、僕が預けた100万円は一瞬にして200万円に増えたということです。

はるか昔は**金本位制**でした。発行する紙幣分の金（GOLD）を保有する必要があったのです。金によって価値は保証され、持っている金以上のお金を流通させることはできません。だから安心して紙幣を利用して物々交換を行うことができました。

しかし、金本位制がなくなると、**管理通貨制度**となり、国の信用が紙幣に変わります。国が借金をすることで紙幣が発行されるわけですから、実体などどこにもありません。あるのは信用という形のないものと、借金という形のないものだけです。

つまり**単なる数字でしかない**ということです。

それを人々は追い求めて暮らしています。そしてそのお金を手に入れて、自分が生きていくために必要な食べものを手に入れています。

よく考えてください。**実体のないものに自分の命を預けている**ということです。

人が生きていくために必要なものは、水と空気と光と、そして食べものです。それらを手に入れるために、人々はお金を稼ぎ、それで水や食べものと交換しているのです。これほど危ういものはありません。

貨幣は価値が変わります。インフレやデフレやデフォルトという問題があります。昨日100円だった食べものが、今日は1000円かもしれないのです。お金を持っていたところで、常に同じ食べものを同じ量、手に入れることができるとは限りません。

だから人々はできるだけ多くのお金を手にしようとします。そしてお金が手に入れられないと不安で仕方がなくなります。なぜなら、生きていくために必要な水と食べものが手に入らなくなるからです。

そうなれば、嫌な仕事でも続けていかなくてはなりません。世の中のためにならないとわかっていても、いや世の中を悪くするとわかっていても、誰かの健康を害してしまうとわかっていても、自分の命を長らえるために、その仕事を辞めることができなくなるのです。だから、世の中はいつまで経っても良くならないのです。

では、どうすればいいのか。答えは簡単です。**「買う」から「つくる」へシフトすればいい**のです。買うためにはお金が必要です。つまりそれは生きぬくためにはお金が必要だということにつながります。

生きぬくために必要なのは「つくる」技術と知恵と経験です。決して買うことではありません。野菜や穀物などの食べものを作るにしても、肥料も農薬も種すらも買わないで栽培する必要があります。それらをお金で買っているのでは、「買う」から「つくる」へのシフトなどできません。

農薬など使わなくても食べものは作れます。肥料などなくても、自然の摂理を知り尽くせば食べものは作れます。種は自分で採るからこそ、自分の畑に適した種に変わるのです。その技術と知恵と経験を手に入れれば、あなたは確実に生きぬくことができます。今の仕事を辞めようが、どこに引っ越そうが、嫌なことから遠く離れようが、災害が起きようが、1円のお金も持てなくなろうが、少なくとも食べものだけは手に入れることができます。**食べものが手に入れば、人は生きぬくことができる**のです。

無肥料、無農薬、自家採種の〝農〟ができるようになれば、最終的に大きな安心を手にすることができるでしょう。僕はそのためのお手伝いをすることができます。この本をすべて読み終わったときには、野菜や穀物を作るための知恵や知識が身についているはずです。何も買うことなく、自分の力だけで食べものを生み出すことができる生き方、つまり**「おひとり農業」が実現している**ことでしょう。

この先の章では、食べものを生み出す母なる大地のこと、無肥料、無農薬での野菜作りの基本、そしてできた野菜をどのように保管するのかという知識を得ることができるはずです。是非、最後まで読み尽くしてください。

これからの「おひとり農業」人生を僕がサポートします。

第2章

そもそも「野菜」って、どうやって作るのか？

野菜の身体は何でできているかを考える

縄文時代の話を長々としてきたのですが、縄文時代と狩猟採集というイメージを持ちますが、作物の栽培は普通に行われていました。ただ、作るものと言えば、ヒョウタンとかリョクトウとかエゴマとかしそとかで、一言で言えば食べられる雑草とも言えるでしょう。

縄文時代の後半には稲作技術も入ってきていましたが、主食は基本的にはどんぐりのような木の実だったようです。

雑草のことを僕らは野生種などという言い方をしますが、要は野生なのですから、人の手による世話は必要としていません。

ちなみに野菜のことを**栽培種**という言い方をします。こちらは栽培という言葉ですから、雑草とは違って人の手を必要とする部分がありますが、元はといえば野生種から派生したものです。野生種の中から人の都合に合うように改良し、人の手によって種を採り続けてきたので、栽培種といわれるようになったわけですが、人が手を施さなければ、野生種に戻っていく植物ですので、元は同じと考えてください。

縄文時代が終わり、古墳時代になり、あるいは室町時代や江戸時代と、2300年間、人間の栽培の歴史は続いているのですが、肥料や農薬をふんだんに使うようになったのはごく最近のことです。せいぜい100年程度ではないでしょうか。

人類の栽培の歴史は1万年以上あるわけですが、その間のほとんどが、たいして肥料もなく農薬もない状態で食べものを生み出せてきたわけです。つまり、それほど栽培というのは簡単だったともいえるのかもしれません。

そこで、これから栽培をしていくうえでの大きなヒントをお伝えします。

栽培してみようと思ったときに考えるべきなのは、そもそも**野菜の身体は何でできているのか**という点です。

でも不思議とそう考えてみる人は少ないものです。普通、料理を作るなら材料を考えます。それと同じことで、何と何があれば野菜や穀物の身体ができるのかを考え、その必要となるものを揃えてあげる必要があるというわけです。

ただ、その材料をどこに用意するか、どのタイミングで用意するか、どのくらい用意するかという点は大切です。それと、料理を作るときには調味料や料理人が必要ですが、野菜の生育においても同様の役割を担うものが必要です。

それらを総合して考えてあげれば栽培など簡単な話です。

では、野菜の身体を構成しているものについて考えてみます。

これは野菜に限らず、植物も動物も基本同じ構成で、量的バランスの違いはありますが、構成要素としては大きく変わりません。

植物は種を落とした後はどうなるでしょうか。あるいは動物は子どもを産んだ後はどうなるでしょうか。植物は枯れていきます。葉も茎も茶色くなり、やがてカサカサになってまるで消えるように地面に落ちていきます。動物はと言うと、年老いていき、やがて動けなくなり、食事をしなくなって死していきます。

人が死していくのと、植物が枯れていくのは基本同じ生理現象です。

カサカサになっていくのですから、水分が抜けていくということになります。抜けていくのは水分だけでなく、色も抜けていきます。これは何が行われているかというと、身体が持っていた水分とそれから栄養分が抜けていくということです。そして種を落とし、茎も葉も根もすべて微生物や土壌動物によってすっかりと消えていきます。

ではこの**水分と栄養について**考えてみます。その際に、なぜあなたは野菜や穀物を食べるのかについて考えてみてください。あなたが野菜を食べるのは、そこから自分の身体を作る栄養を摂りたいからです。

栄養とはもっとわかりやすく言うと**ミネラルやビタミン**のことです。更にはお腹を満たしたいとも思います。このお腹を満たすものが**糖やデンプンや食物繊維、あるいは脂肪分などの炭水化物、そしてタンパク質**です。もうひとつ言うなら**水分**です。

水を飲まなくても野菜を食べるだけで水分補給ができるのは、野菜に水分が含まれているからです。

野菜の身体が何でできているかという点を考えてみると、結局、**炭水化物、タンパク質、脂肪分、ミネラル、ビタミン、水分**ということになります。なんとなくわかってきたでしょうか。

では、さらに深掘りしていきます。炭水化物、タンパク質、脂肪分、ミネラル、ビタミン、水分を作り出す原材料を考えてみましょう。

炭水化物は化学的な化合物です。これらを**有機化合物**などというい方をします。**有機栽培**というのは、この有機化合物を含むものを肥料として使う農法のことを言います。

炭水化物を化学的な視点から見てみると、実は基本となるのは**糖**です。もう少し正確に言うと**ブドウ糖**です。このブドウ糖というものが基本となり、それらが複雑に組み合わされていくと、デンプンや食物繊維などの炭水化物になります。

ブドウ糖は**グルコース**とも呼ばれます。このブドウ糖が**アルファ結合するとデンプン**に、**ベータ結合すると食物繊維**になります。人の場合は、アルファ結合したデンプンを食べると、それを腸内で消化酵素を使用して分解し、ブドウ糖に戻してエネルギーとして利用します。

ベータ結合した食物繊維は酵素では分解できないので、腸内細菌によって分解しブドウ糖に戻した後に、多くは便として出ていきます。

そこで、このブドウ糖の化学式を考えてみます。化学式といっても簡単な式です。

ブドウ糖の化学式は$C_6H_{12}O_6$です。化学記号が出てきて拒否感を覚える人もいますが、そんなに難しく考えないでください。**炭素を表す記号はC**、**酸素を表す記号がO**、**水**

光合成

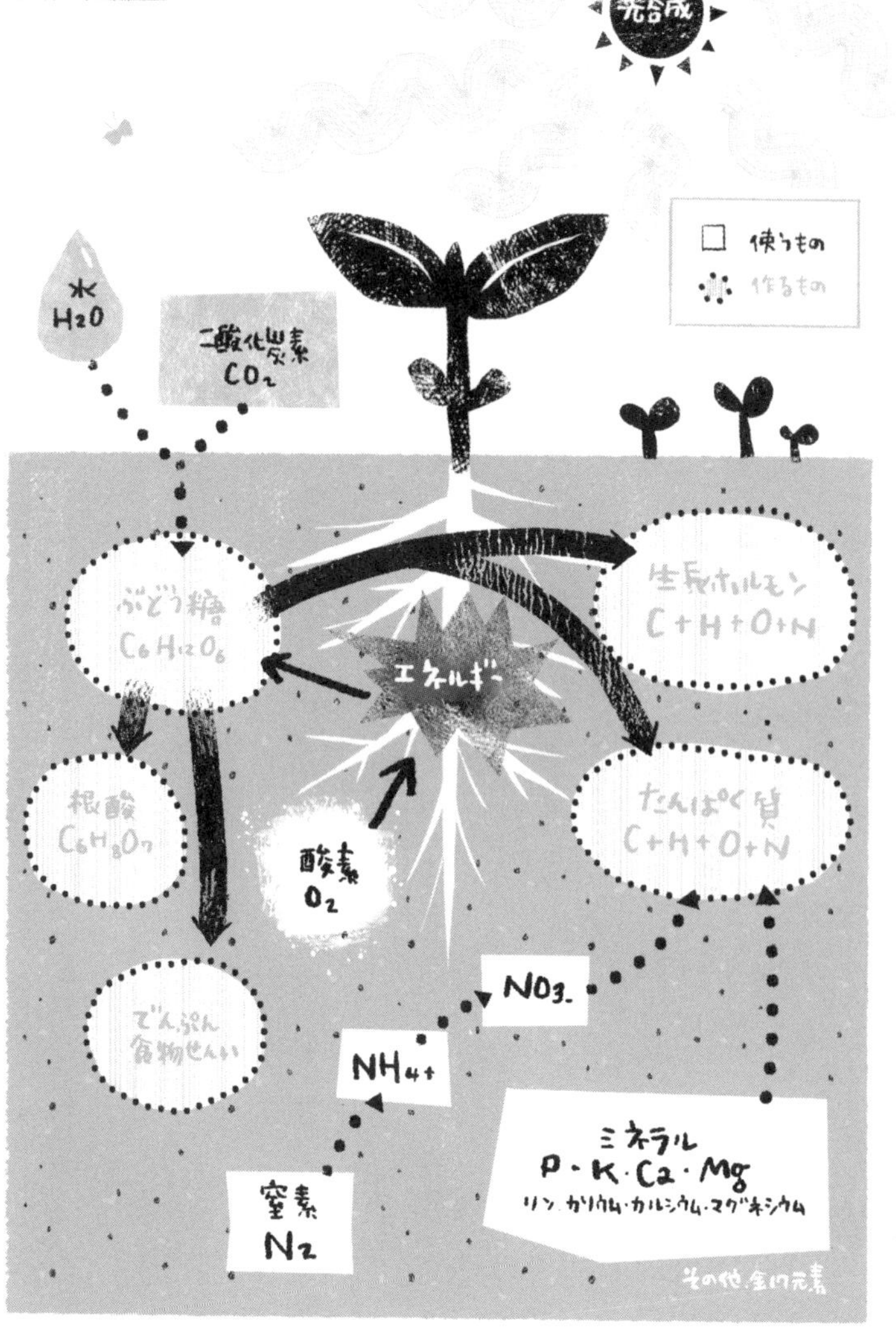
光合成
使うもの
作るもの
水
H2O
二酸化炭素
CO2
ぶどう糖
C6H12O6
生長ホルモン
C+H+O+N
エネルギー
根酸
C6H8O7
酸素
O2
たんぱく質
C+H+O+N
でんぷん
食物せんい
NO3-
NH4+
窒素
N2
ミネラル
P・K・Ca・Mg
リン・カリウム・カルシウム・マグネシウム
その他、金属元素

素を表す記号がHとだけ覚えてください。このCとOとHは、有機化合物を構成する四大元素のうちの3つです。

もう一度言うと、炭素Cと酸素Oと水素Hです。この3つの元素が揃えば、ブドウ糖ができ、ブドウ糖ができると、どんな炭水化物でも生み出すことができます。これが原材料です。

つまり**炭素と酸素と水素が原材料**です。じゃあこの3つの元素を持っているものは何があるか考えてみます。シンプルに考えてみてください。

水の化学式はH_2Oです。つまり水は何でできているかと言えば、水素Hと酸素Oですね。水があれば3つの元素のうち2つは揃ってしまいます。では、残りの炭素Cはどこにあるのか考えますと、二酸化炭素CO_2にあります。

二酸化炭素は空気の中に0・041%含まれますので、空気中にあるということになります。つまり、水と空気があれば炭水化物を作る原材料、もっと正確に言うならブドウ糖を作る原材料である炭素Cと酸素Oと水素Hが揃ってしまうということになります。

そう、**炭水化物は水と空気からできているのです**。実は植物は炭素Cと酸素Oと水素Hを使って、最初にブドウ糖を作ります。これをどうやって作っているかというと、それが皆さんも知っている**光合成**というものです。

光合成とは、水と二酸化炭素からブドウ糖を作ることをいうのです。このブドウ糖さえできてしまえば、あとはどんな炭水化物であろうと、ここから化学的な変化を経て、作り上げることができます。デンプンであれ食物繊維であれ、あるいは脂肪すらも作ることができます。

では、タンパク質は何からできているかと言うと、タンパク質は**アミノ酸の集合体**です。アミノ酸を作る原材料は何かといえば、実は今説明した炭水化物を作る3つの元素にもうひとつ窒素Nという元素を合わせたものです。この、炭素Cと酸素Oと水素Hと窒素Nの4つを**「四大元素」**といいます。すべてのタンパク質は、ほとんどの場合、この四つの元素で作られているのです。

では、窒素Nはどこにあるでしょうか。これも簡単ですね。そう、空気中にたくさんあります。空気の構成要素は、78％が窒素、21％が酸素、アルゴンが0・93％、そして0・041％が二酸化炭素です。つまり炭水化物もタンパク質も、**すべて水と空気から作られている**のです。これが野菜を作るための基本的な原材料となります。

ミネラルはどこから手に入れているのか

しかし、まだすべては解決していません。**水とミネラルとビタミン**です。

水はすでに原材料として挙げていますので問題ないでしょう。次にビタミンが何かと考えてみる必要がありますが、実はビタミンの化学式を見てみると、すべて炭素Cと酸素Oと水素H、そしてたまに窒素Nを利用して作られています。

動物は炭素、酸素、水素、窒素の四大元素があったとしても、このビタミンを体内で作り出すことは難しく、多くは食べものから得ることになりますが、植物はこの四大元素があれば体内で作り出すことができます。

つまり、植物は水と空気があればビタミンさえも合成してしまうわけです。

水と空気を原材料にたとえているので、このビタミンを、僕は役割から調味料にたとえることにしています。調味料も原材料のひとつですが、調味料があるから料理が美味しく、健康なものになるのです。

さて、残りはミネラルです。ミネラルは今説明した四大元素では作れません。実はミネラルは原材料ではなく、**調理人**と僕は考えています。この調理人がいるからこそ、四大元素を使って、植物の身体を構成していくことができるのです。

ということは、水と空気以外に、ミネラルが必要ということになります。だんだんとわかってきました。**植物が育つためには水と空気とミネラルが必要**ということになります。

ちなみに、水と空気で作られる炭水化物やタンパク質、そしてビタミンは有機化合物といいますが、ミネラルはこの四大元素を使用しておらず、有機化合物と分けて**無機化合物**と呼びます。これらの言葉を覚えておくと、この先、読み進めていくときにもわかりやすくなるかなと思います。

では、植物はミネラルをどうやって手に入れているのでしょうか。

そのヒントは土の中にあります。土の中には多くの微生物がいます。これらの微生物を総称して**土壌微生物**や**土壌菌**などという言い方をします。その点を少し掘り下げて説明してみましょう。

ミネラルを調理人とたとえたのには意味があります。

水や空気が原材料だとすると、そこから炭水化物やタンパク質や、あるいはビタミンを構成するためには、植物の体内で働く存在が必要です。ミネラルは、炭水化物やタンパク質を作り出す補助的な役割を担ったり、体内で必要な栄養分を運んだりと、生きていくうえで必要なあらゆる生理作用に関わっていて、とても多彩です。

そして、そのミネラルは常に地球において土壌と植物の体内を行ったり来たり、つまり**循環しているのではないか**と考えられます。

もちろん水と空気も循環しています。水と空気で作られた炭水化物やタンパク質、ビタミンはやがて水と空気に戻っていきます。それを枯れると表現します。

植物から水分が抜け、カサカサになり、色が抜ける。つまりそれらもどんどん元の場所である水と空気に戻っていくわけです。水蒸気としてあるいは窒素ガスや炭素ガスとしてです。

残った枯葉、枯れ茎、枯れ根はというと、これらも土壌微生物の力でどんどん土に戻っていきます。なぜ土の中に戻っていくかというと、実はこれが**ミネラルの塊**だからです。このミネラルの塊が土の上で朽ち、微生物の餌となって土壌中に戻っていくわけです。

朽ちたとはいえ、枯葉、枯れ茎、枯れ根にはまだ炭素や窒素も残っています。微生物はその残渣から炭素や窒素を取り出し、それで自分たちの身体を作り上げていきます。そして残ったものがミネラルです。ミネラルは土壌微生物たちが出す廃棄物です。この土に戻ったミネラルを植物が利用して、次の生命を生んでいるということになるわけです。

さらにいえば、種そのものがミネラルです。植物は枯れていくときに種を残します。この種にも大量のミネラルを集めています。この種に含まれミネラルが大量にばら撒かれ、一部は芽吹きながらも、多くは土壌中で分解していくことでミネラルとして残され、次の植物が利用していくということになるわけです。

つまり、植物が育つために必要なミネラルというのも、**枯葉、枯れ茎、枯れ根、そして種などで供給されている**と考えてください。

これで全体像が見えてきました。なぜ植物は育つのか？　どうやって育つのかという答えは、水を吸収し、空気から二酸化炭素を吸収し、そして植物が朽ちて残ったミネラルをも吸収して光合成によってブドウ糖を作り、そこから多くの炭水化物を作る。そして空気中の窒素をも吸収し、やはりミネラルの力を借りながら、今度はタンパク質やビタミンを作る。そうして作られたビタミンも再利用しながら、生長していくと考えれば良いわけです。

そもそも野菜はどうやって作るのか

ここに「そもそも野菜はどうやって作るのか」という点の答えがあります。植物が必要としている光合成のための太陽の光、水、そして空気、さらには過去に生長し枯れ、体内に残したミネラルを土の中で朽ちさせて、そのミネラルを吸収させて作れば良いということです。

もっと平たく言うのであれば、太陽と空気のあるところで水を与え、ミネラルを持っていた植物残渣を土に埋め込んでいけば作れるということになるわけです。当たり前といえば当たり前の結論ですね。

しかし、ここで重要なポイントがあります。

では、その水、空気、ミネラルはどこにあれば良いかという点です。どこにあっても良いということでもありません。まず水ですが、通常であれば根の周りに必要です。これは至極当然のことです。もちろん茎や葉から水を吸収する植物もありますが、一般的にいえば根から吸収します。

次に空気ですが、光合成をするための二酸化炭素はどこから吸収するのかといえば、葉の裏の気孔という穴から吸収します。植物の体内の二酸化炭素濃度が下がってくると、植物はその濃度差を利用して空気中から二酸化炭素を吸収します。

これはわかりやすい例でしょう。では窒素はどこから吸収し、ミネラルはどこから吸収するのでしょうか。

まず窒素ですが、これは神様の悪戯なのか、植物は二酸化炭素のように直接植物の体内に吸収することはできません。仮に吸収したとしても、植物は窒素を使用できないのです。窒素は通常、空気中では窒素ガスとして存在していますが、この窒素を植物が吸収するためには、土壌微生物の力が必要なのです。

これは神の采配ともいえます。植物は土壌の中の微生物と仲違いをしてしまうと、この窒素を使用することができないということなのです。そのため、植物は土壌中にも微生物の餌をたくさん残すようになります。

ひとつは根の新陳代謝による有機物の提供です。根が生長していくときに人間でいうところの垢のように、死滅した細胞が微生物の餌となります。さらに種を落とした後に枯れていく根の提供です。根が土の中に残っていれば、それが微生物の餌となります。

そして最も重要なのが、光合成で作り出したブドウ糖です。微生物の餌はブドウ糖です。そのため、植物は根からブドウ糖を分泌することを覚えました。微生物はそのブドウ糖をもらうと、窒素ガスを最終的に2種類の微生物の力を借りて硝酸態窒素という形に変化させてくれます。

植物はこの硝酸態窒素という形になって初めて、窒素吸収が可能になるのです。ここに見事な植物と微生物の連携があります。この微生物を窒素固定菌、そして硝酸化性菌と呼びます。

さらにいえば、ミネラルの一部も微生物の力を借りて吸収していきます。土の中で広く分布しているミネラルを植物が吸収するとき、根だけでは届かないこともあるでしょう。そんなときに、わざわざミネラルを集めてきてくれる微生物がいます。特にリン酸といわれるミネラルや、水に溶けている水溶性のミネラルです。これらを集めてきて植物に提供している菌がいるのです。こうした菌を菌根菌と呼び、常に根に寄生しながら仕事をしているのです。

ここで、もうひとつ大きなことがわかりました。野菜をどうやって作るかというと、まず土に水が含まれていなければなりません。そして大事なのは、土の中にも空気が必要だということです。

土壌微生物の力を借りて窒素ガスから植物が使用できる硝酸態窒素に替えているのですから、土の中に空気がないと窒素というものを植物は利用できません。そして、絶対に微生物を殺すようなことをしてはならないということです。

たとえば農薬や除草剤です。これらを多用すれば、微生物はどんどん減っていってしまいます。もちろん減ってしまっても、他の方法で吸収させることはできます。一番簡単な方法は化学肥料を与えることでしょう。しかし、「おひとり農業」をするときに、いつもホームセンターに行って化学肥料を買っているのでは長続きしません。できるだけそうしたものを使わずに栽培したいものです。

農薬を使用しなければ、微生物が減ることはないでしょう。除草剤を使用しなければ、ミネラルの元となる枯葉、枯れ茎、枯れ根がちゃんと土に戻っていきます。それがミネラルの供給源となるはずですし、微生物も殺さず、持続可能な農ができるようになると僕は思います。

これから「買う」から「つくる」にシフトするからには、肥料や農薬とて「買う」から脱却しなくてはいけないのは当然のことです。特に食料危機に備えるためには、何も買わずに農業ができるようにならないと意味がありません。結局、高騰している肥料や農薬を買うのでは、食料危機に備えることはできません。

だからこその無農薬、そして自分の暮らしから出る残渣や畑の残渣だけで栽培する循環型の農業で実践しなければならず、そのためにも微生物の力を最大限に利用する必要があるわけです。

植物がなぜ育つのか、野菜はなぜ育つのかという点は、つまりはこうした光と水と空気とミネラルが整った環境があるからということになりますが、この環境についいて、そして土については次章で詳しく説明していきます。

腐生微生物と菌根菌と内生菌

その前に、もうひとつ野菜が育つための条件があります。それは、**栽培者の補助**です。それが雑草のような野生種であれば補助は必要としていないでしょう。しかし栽培種は、あくまでも人の手によって種がつながれてきました。だからこそ、「人の手」が必要なのです。

人の手という愛情がないと育たない

愛情というと子育てのように思うかもしれません。しかし野菜はどうやって作るのかという点を考えるとき、この**人の手による愛情**というものを忘れていたのでは、うまく育たないものです。

昔から、**「作物は農夫の足音を聞いて育つ」**と言われます。作物、つまり野菜や穀物は農夫によって育てられているということを意味します。農夫が頻繁に畑に出向くことで野菜への手入れが事細かになります。畑に行けば、野菜の調子が悪かったり、虫に食われていたりすると、なんとかしてあげたいという気持ちになると思います。

実はここがポイントです。オーストラリアのラ・トローブ大学の遺伝子学者、ジム・ウィーランの説明によると、植物は人に触れられることを嫌がるそうです。この理由は正確にわかっているわけではありませんが、植物は人の手によって場所を動かされたり、折れ曲げられたり、揺らされたり、切られたりすると、それを敵だと感じて抵抗します。

このときに植物生長ホルモンを分泌して抵抗します。生長ホルモンが分泌されることで、虫の嫌いなガスや毒性の化学物質などを生成するからです。あるいは茎を太くして虫や病気から身体を守ろうとします。

畑に行って野菜に触れることで、虫食いや病気が減るのであれば、それは人から見ると、愛情をかけてあげているから育っているように見えますし、事実そう言って差し支えありません。なので、たいして作業するようなことがなくても、畑に行って野菜を愛でてあげるだけでも野菜の健康を保つことができるのです。

仲間がいなければ寂しくて育たない

もうひとつ面白い事実があります。ドイツの森林管理官であるペーター・ヴォールレーベンによると、植物は根に寄生する菌根菌などの微生物の力を借りて会話をするそうです。ヴォールレーベンは森林について書籍に書いていますが、僕は同じことを畑の野菜で体験しています。

たとえば、ひとつの野菜が虫食いにあったとき、なぜかその隣の野菜の虫食いが少なかったりします。なぜそうなるかというと、植物は虫食いにあったときに、いろいろな方法を使って仲間に情報を伝えるからです。

虫食いにあうと植物は虫の唾液を感じて、誰が自分を食べているかを察知します。このときに植物に寄生する常在菌、主に内生菌といいますが、その菌たちの力を借りて、警告ガスを発生させます。そのガスで隣の野菜に虫が来ていることを知るのです。

知るのは野菜だけではなく、その野菜を食べている虫を餌としている、いわゆる天敵もやってきます。そして天敵が虫の絶対数を減らしていくのです。

隣に知らせる方法はガスだけでなく、菌根菌を利用して伝えます。つまり根のネットワークを利用してみんなで力を合わせて、虫や病気たちを追い払おうとするのです。これも健康に育つために手に入れた知恵なのです。

このことから、野菜をどうやって作るのかというヒントに、**「仲間を近くに置く」**という点があります。

ほとんどの植物は多くの種をつけます。そしてたくさん蒔くことで多くの仲間と一緒に育つように遺伝子に組み込まれているのです。栽培するときに、その性質を考えて、できるだけ近くに仲間を作ってあげることです。

トマトの苗はひとつあれば十分とは思わず、2つ3つと作ることで、仲間同士が助け合い、虫や病気に強くなっていく可能性があるのです。

ただし、買ってきたばかりの種は家畜化されすぎていて、それだけの能力が失われているかもしれません。ですので、できるだけ自家採種をして、野生に戻していくことも必要だと思います。

虫が野菜を健康にする

もうひとつだけ野菜は育てるために必要なものを言っておきましょう。

それは虫の力です。虫というとどうしても害虫を思い浮かべてしまいますが、虫は害虫だけではありません。植物にとっての益虫もたくさんいます。

害虫とか益虫という呼び名を嫌う方もいますが、植物は害虫と益虫をしっかりと分けて対応しています。受粉を助けてくれたり、害虫を追い払ってくれたり、あるいは植物生長ホルモンの分泌を促してくれるのが益虫です。

野菜は虫に食われると、多くの場合ファイトケミカルと言われる毒を生成します。この毒を作ることで野菜は自分の健康を守るだけではなく、このファイトケミカルで益虫を呼び込むことができます。ひとつ例を挙げて説明してみます。

キャベツは青虫に食べられると、青虫の唾液を感じて身体中に信号を走らせます。この信号に反応して野菜の体内に棲んでいる微生物たちが動き、ファイトケミカル、つまり毒を生み出します。

この毒は揮発性のガスであり、このガスが発散されることで、青虫の天敵であるアオムシサムライコマユバチという蜂がやってきます。この蜂は寄生蜂の仲間なのですが、コマユバチは青虫のお腹の中に卵を産みつけて、自分たちの子どもを育てるので、孵化した後に青虫のお腹を食い破り、青虫は死んでしまいます。

この蜂が増えてくると、モンシロチョウは青虫をその場所に産みつけることを嫌うようになり、結果的にキャベツの青虫被害が減るわけです。

こうやって植物は虫の力も利用して生長していくということですから、なんでもかんでも虫を嫌ってしまってはいけません。

殺虫剤をかけて殺してしまうというのも、僕はナンセンスだと思います。殺虫剤に弱いのは、害虫よりも益虫のほうだったりするので、殺虫剤をかけたときは確かに害虫は減るのですが、益虫も同時にいなくなり、その後に先に復活してくるのは害虫のほうなのです。結果的に害虫天国の畑になり、殺虫剤をやめるタイミングを永遠に失うことになります。

それ以外にもたくさんの虫に助けられて植物は育ちます。

蜜をたくさん出すヤブカラシという雑草がありますが、このヤブカラシも益虫を呼び込む大切な草ですし、カラスノエンドウは葉の先から糖を分泌し蟻を呼ぶので、蟻を怖がる害虫が減ることになります。益虫の力を利用して育つ植物を健康に育てるためには、普段は嫌われる雑草の助けも必要ということになるわけです。

もう一度、野菜はどうやって作るのかを考えてみる

この章の最後に、野菜はどうやって作るのかについてまとめてみます。

もちろん、そう複雑に考える必要もありません。野菜であろうが穀物であろうが、それなりに生命力を持っていれば勝手に育つものだと思えばいいでしょう。とは言え、その基本的な仕組みを知っていないとなかなか取り掛かれないかもしれません。

まず、植物が育つための原材料を揃えてあげます。

原材料とは、光と水と空気とミネラルでした。そしてそれらは土の中に必要ということです。土を耕す理由がそこにあります。本来なら耕すという仕事をしているのは、

虫や土壌動物です。ミミズやモグラが土の中で生活しているだけで土は耕されていきます。しかし、当面、そうした協力者がいない状況が考えられますので、たとえば鍬や耕運機で耕すことも必要でしょう。そうすることで土の中に空気が取り込まれます。

この取り込まれた空気が常に残り続けるためには土自体の構造を改善していく必要があるのですが、それに関しては次章で詳しく書いていきます。

それから水が必要でした。水は雨が降れば供給されるのですが、その水が土の中に適切に残る必要があります。

普通に考えれば、水はどんどん地下水へと流れていきますし、太陽光により蒸発していきますので、水が適切に残るように土の改造は必要です。逆に水が残りすぎるのもいけません。土の中が水で溢れかえると空気が失われていきます。空気が失われてしまっては、野菜は育ちません。

また、雨が長い間降らなければ水をどのように供給するかも考えなくてはなりません。これも、土が適切に保水できるように構造を改善できれば良いわけです。この水と空気が適切に残るように土を改造していくことを、**土作り**というわけです。

そしてミネラルです。植物が育つためにはミネラルが必要ですが、これは先に説明したように、植物の残渣で供給できるので、常に野菜の周りにある草や収穫後の葉や茎や根、そして種があれば良いことになります。普通の栽培では草、つまり雑草は敵視しがちですが、雑草は大切なミネラル源でもあるわけです。

ここで少しミネラルの話をしてみます。ミネラルは常に地球上を循環しているものです。地球そのものがミネラルの塊であるし、山もミネラルの塊です。そのミネラルを木々たちが吸い上げ、そして葉を落とし、あるいは枯れて行くことで土に戻っていきます。

表面に落ちたミネラルは水の力を借りて海へと流れていくのですが、その際に平野部の植物たちが根っこで捕まえて体内に保有します。そして同じように枯れていくことで土に戻っていきます。この山から海へ流れるミネラルを横循環と言い、植物が吸い上げて土に戻すのを縦循環といいます。

このことから、雑草はミネラルの塊であることがわかるし、枯葉や落ち葉もミネラルの塊であることがわかります。であれば、これらを土に適切に戻していけば、植物

ミネラルの供給源
山でできたミネラルが
地下水などで流れてくる
糞をする
魚を食べる
落ち葉が土壌動物
や、カビ、バクテリアの
の力を借りて、分解
され、放出される
水
ミネラル
表流水
ミネラル
ミネラル
伏流水
地下水
海底湧水
ミネラル
ミネラル
枯れる
ミネラルを吸い上げる
種を落とす
ミネラルの
縦循環
ミネラル
ミネラル

が育つためのミネラルが土の中に適切に残っていくことになります。もちろんそのミネラルもやがては海へと流れていくわけですが、ミネラルは常に横循環しているわけですから、常に草を大切にしなくてはいけないということになります。

それ以外に種も必要でしょう。これは先に説明したようにミネラルの縦循環としての種です。この種は芽吹く必要はありませんが、栽培においては種というのはそれほど大量に蒔くことはありません。

芽吹かなくて良いならば、たとえば米ぬかでもいいです。米ぬかは、稲の種の周りについているミネラルの塊です。これらを適切に土に戻していけばいいということになります。

雑草や落ち葉だけでは足りないのなら、家庭で出た生ゴミでもいいのです。これらも植物の残渣ですから同じものです。場合によっては種も含まれているかもしれませんので、むしろ好都合です。

とはいえ、この生ゴミも雑草も落ち葉も、そのまま畑に撒けばいいということではありません。これらはまだ細胞がしっかりしているので、微生物ではなかなか分解できず、虫たちがその役割を果たそうと増えていきます。その中には害虫に該当する虫もいますので、害虫を増やすのはあまり良くありません。

また虫が来ないまでも、微生物の中でも糸状菌という強い菌もいて、植物の細胞を守っている細胞壁という硬い成分を分解してしまうのですが、糸状菌はつまりはカビなので、あまり畑がカビだらけになるのも好ましくありません。

そのため、雑草や落ち葉、米ぬかや生ゴミは畑とは別の場所で一度分解させてから畑に撒きます。

分解させるためには土が必要なので、たとえば畑の隅に雑草、落ち葉、米ぬか、生ゴミを置き、そこの土をかけて半年ほど放置すれば、その半年の間に虫が発生し、あるいはカビが生え、それらは分解して最終的にはかけた土にくっついて、良い肥料となります。その肥料をたっぷり含んだ土を畑に撒けば良いのです。

野菜を作ろうと思ったとき、まず何をするべきか。野菜はそもそもどうやって作るかというと、今書いたように原材料を適切に残していくということです。光はもちろんですが、水と空気とミネラル。この3つを揃えてあげること、そしてその3つを保有するための土が必要であるということです。

植物が生長するしくみ

光合成
光合成を行う
・糖を生成する
糖
糖
炭水化物を生成
・植物の身体を構成する
生長ホルモンを分泌する
・芽を出し、葉を広げ茎を伸ばす
ホルモン
糖を根に送る
・糖を根の周りの菌根菌のエサにする
糖
たんぱく質を生成する
・植物の身体を構成する
菌根菌にミネラルを運ばせる
菌根菌
炭水化物
・リン酸などを吸収する
ミネラル
菌根菌
根酸を根から分泌する
たんぱく質
・根酸で土の中のミネラルを溶かし出す
ミネラルを吸収する
・イオン交換などでミネラルを取り込む
ミネラル
ミネラル

畑にする場所を決め、生えている草を刈り取ってそれを土に戻し、土を少し耕し、雨が降った後の余分な水を、外に逃がしてあげます。

そしてそこに野菜を単独ではなく、できるだけ種をたくさん蒔いて仲間を与えることで健康に育つように気をつけ、畑に行っては声をかけてあげ、お世話をし、益虫を呼び込み、害虫を少しでも減らしてあげることです。この条件を与えてあげることで野菜たちは自分たちの力で勝手に育っていくのです。

第3章

まずは「土」のことを学ぶ

土の中に水だけでなく空気も必要

この本を読まれている人は、自給することを目指しているはずです。自給自足というよりは、僕が推進する**自給農という暮らし方**を目指しているのかもしれません。本のタイトルが「おひとり」となっている以上、1人で生きていくという印象を持たれた方もいるでしょう。しかし、ハッキリ申し上げると、1人で暮らしていくことはできません。**人は周りの多くの人たちの力を借りて生きていく**ものです。

しかし、いざ栽培になると、1人で畑に向かうことも多くなります。そのときに孤独を感じるかもしれませんが、たった1人で行う農であっても、必ず周りの助けを借りて行っているはずです。

周りとは何かというと、**光と空気と水、草、虫、そして土壌動物と土壌微生物**です。特に土壌動物と土壌微生物は土を豊かにするためには欠かせない存在です。彼らにとっても土が豊かにならなければ生きてはいけないからです。

この仲間ともいえる土壌動物と土壌微生物たちの活躍と生態を知って、仲良くなる必要があります。だからこそ、土について学ぶ必要があるわけです。そこでこの章では、土について深掘りしていくことにしましょう。

光、水、空気、そしてミネラル。この原材料が揃えば、野菜が育つことはわかったと思います。野菜が育つのは人の手によるものというよりは、野菜そのものが自身の力で育っているに過ぎないので、原材料さえ揃えば、勝手に育っていくものです。

僕らができることといえば、その原材料を過不足なく揃えてあげることですが、それもあえて集めてくるというよりも、その場でできるだけ循環させるということが大切になります。

この循環を実現するには、畑やプランターの土に空気を入れ、あるいは水やりすればいいことはわかりますが、どうやって土の中に空気を入れ、どうやって微生物を増やしていけばいいかという、実際の作業的なことも知る必要があります。

また、水やりも毎日行うのも難しく、できれば水やりもせずに野菜が育ってくれれば、それに越したことはありません。

空気に関しては常にそこにあるわけですから、考えなくてもよさそうに思えるかもしれませんが、土の中にも空気が必要なわけですから、それなりに土をほぐしてあげる必要もあるでしょう。

土に空気を入れるのですから、耕せばいいだろうと普通は思われると思うのですが、確かにその通りではあるのですが、ひとつ問題があります。それは微生物の問題です。

これから土の中に微生物を増やしていかなくてはならないわけですが、土を耕してしまうと微生物が減ってしまうのではないかという疑問です。そしてミネラルの元になるような草たちを大切にする必要もあると思います。

環境を整えるということは、つまり水や空気が土の中に適切に残ること、そしてミネラルが土の中に残るための仕組み作りをするということですが、この適切という部分が意外に難しいものです。

しかし、これも自然の摂理を理解し、邪魔をしなければ、自然界が実にうまく整えてくれます。

土と土壌は似ているようで違うもの

縄文時代の人たちだけではなく、弥生時代もそれ以降も、たいした肥料も使わずに野菜や穀物が作られてきました。

近年の人口爆発によって食料生産を加速せざるをえなく、化学肥料を多用するようになり、狭い範囲で大量の野菜や穀物を作れるようになりました。しかし、本来は化学肥料など使わなくても、土のことをよく知っていれば栽培は難しくはありません。

そもそも農業という専門職が生み出されたのは、そう古くもなく、近年までは農業は「業」というよりも「自給」のためのものだったのですから、誰でもできることだったはずです。

化学肥料を使うようになってから、土のことを詳しく知らなくても栽培できるようになってしまったため、専門職ではない人が土のことを知る機会が失われてしまいましたが、この先自給をしていくのであれば、この土について詳しく知っておきたいところです。

土を知るためには、**「土」と「土壌」の違い**を知っておく必要があります。土と土壌を混在して使用してしまうこともありますが、この2つは明確に違います。

まずは土についてです。土は火山が噴火して出てきたマグマの塊が風化によって岩になり石になり砂になり粘土になり、その粘土が集まった状態を土と言います。つまり地球の表面のほとんどは土ということになります。

しかし土はあくまでも粘土の集まりであって、この集まりだけでは植物が育つことはありません。

この粘土には植物が育つためのミネラルすべてが含まれているわけではありません。粘土の集まりである土の中には、石や岩もたくさん混ざっています。

この石や岩に最初に生えてくるのが苔です。土には植物が育つほどのミネラルはないと言いましたが、粘土になる前の石や岩には残っています。粘土はこの石や岩から多くのミネラルが剥ぎ取られてアルミニウムやケイ素が残った状態で、剥ぎ取られたミネラルは地下水へと流れ、海へと流亡していますが、石や岩の中には残っているわけです。

苔は短い根を出し、石や岩に張り付きます。

このとき、根から強い酸を出して石や岩を溶かして、岩や石の中に含まれているミネラルを体内に吸収して行くのです。しかも苔は水分もたくさん吸収します。自分の体積の七倍もの水分を持つともいわれています。

この水とミネラルを持った苔が生えてくると、今度は植物が育ち始めます。苔の中に水と空気とミネラルがあるからです。植物は苔が持っているミネラルを自分の体内に留めて生長していき、やがて種を落として枯れていきます。この枯れた植物の残渣もミネラルの塊となります。

このミネラルの塊が土の中でどんどん分解していき、ミネラルは土の中に戻っていきます。このときのミネラルもやがては石や岩に戻っていくことはあるのですが、多くは石や岩には戻りません。

では何になるかというと、一部は「腐植《ふしょく》」と呼ばれるアルミニウムが主体となった物質になり、そこにミネラルが吸着していきます。

土壌とは何かというと、実はこの腐植と粘土とそれらにくっついたミネラルの塊のことをいいます。「土」は粘土の塊だけでしたが、「土壌」はこの粘土だけではなく、植物が分解してできた腐植、そして土壌中に放出されたミネラルなどがくっついて大きな塊となり、「土壌」になるということです。

つまり土壌は土と違って、植物を育てるためのミネラルをたくさん含んでいるということになります。

この腐植というものを理解すると、植物が生長するために必要な水と空気とミネラルが適切に残る土壌というものの作り方がわかってきます。

そもそも腐植はどうやってできるの？

では、腐植がどうやってできるかをもう一度詳しく解説してみます。ここで3つの登場人物が出てきます。「**粘土**」「**腐植**」「**イオン化したミネラル**」です。

土と土壌は似ているようで違うもの

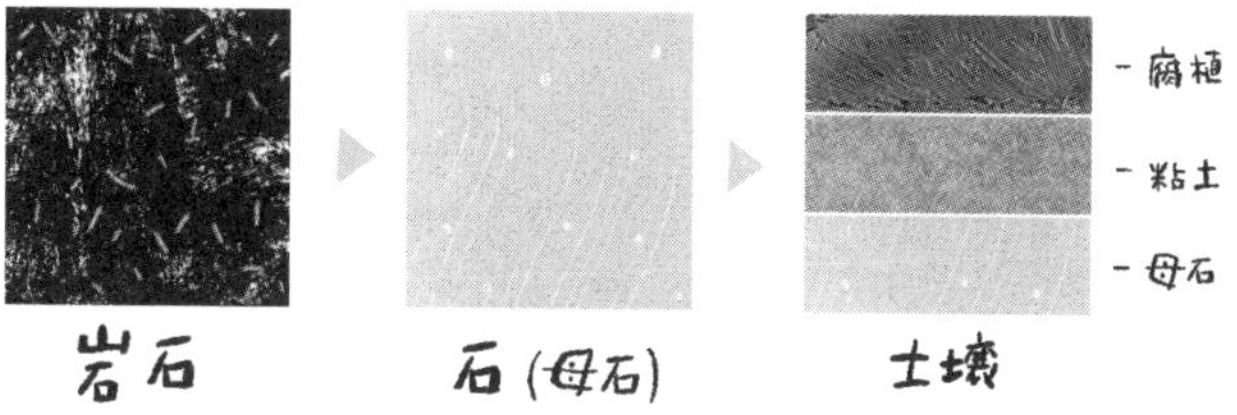

元々は土、つまり粘土です。粘土の元はマグマなわけですが、それが長い年月をかけて岩になり石になり砂になり粘土という最終形に変化します。

それまではマグマにはたくさんの元素というものが集まっていました。元素がたくさん集まって物質が作られていくのですが、つまり元素とは物質の最小単位のことと覚えてください。

この元マグマが粘土になった時点で、ほとんどはアルミニウムとケイ素、そして少量のマグネシウムという元素が残されました。このアルミニウムとケイ素の塊が粘土です。これは先ほど説明した通りです。

実は粘土はマイナスの電荷を持っています。

マイナスの電荷というとわかりづらいかもしれませんが、物質はもともといくつかの元素がくっついて化合物として存在するのですが、それらが最終形態まで分解されると、プラス、またはマイナスの電荷を持った状態になります。

これをイオン化と言いますが、この粘土の主成分であるアルミニウムとケイ素が構成され、ここにマグネシウムが結合するとマイナスに荷電するという現象が起きます。

これを説明すると難しくなるのですが、大家族にたとえて考えてみてください。最初は大家族があったとしても、そのうち嫁に行ったり、独立したりなどで大家族は分散していきます。分散した家族は、別な場所でパートナーを見つけ、再び別の大家族を作るかもしれません。

なぜそうなるかというと、人間を含めた動物は男性と女性に分かれているからです。男性と女性がいるからこそ結びつき家族になるわけです。

この男性と女性を、プラスとマイナスと考えるとわかりやすいかもしれません。この場合のアルミニウムやケイ素はマイナス、あるいは女性と考えてみてください。

次に腐植ですが、植物残渣などの多くの有機物は最小単位まで分解しイオン化すると、一部は粘土と同じようにマイナスに帯電した物質に変わります。それを腐植物質と呼びます。腐植物質はアルミニウムが安定的に結合したものです。

それ以外の多くのミネラルはプラスの電荷を持ったイオンに変わります。これらを陽イオンといいます。すべてではありませんが、植物に特に必要なカリウム、カルシウム、マグネシウムなどは陽イオンです。逆に植物が利用する硝酸態窒素やリン酸などは陰イオンです。

ここで枯れた植物残渣や種が微生物の力で分解し、土の中にミネラルを放出し、それらがプラスのイオンになると、粘土と腐植物質はマイナスですから、これらにカリウム、カルシウム、マグネシウムなどがくっつきます。こうして出来上がった粘土と腐植とミネラルの塊が土壌です。


さて、ひと塊になった腐植や粘土やミネラルですが、この塊全体を見たときには、実はプラスに帯電しているように振る舞います。腐植を含む塊がプラスであれば、当然、腐植を含む塊同士は反発しあうことになります。

腐植を含む塊の集合体が土壌ということですから、つまり土壌は反発しあう塊の集まりということになり、その結果、土壌には隙間がたくさん空くということにつながります。実はこれが大事なのです。

植物が育つために必要な原材料は水と空気とミネラルです。もし畑の土がこの土壌という状態、つまり粘土や腐植やミネラルの塊になったとしたなら、そこには空気が常に存在することになります。なぜなら隙間が空いているからです。隙間が空いてい

そもそも腐植ってどうやってできるの？

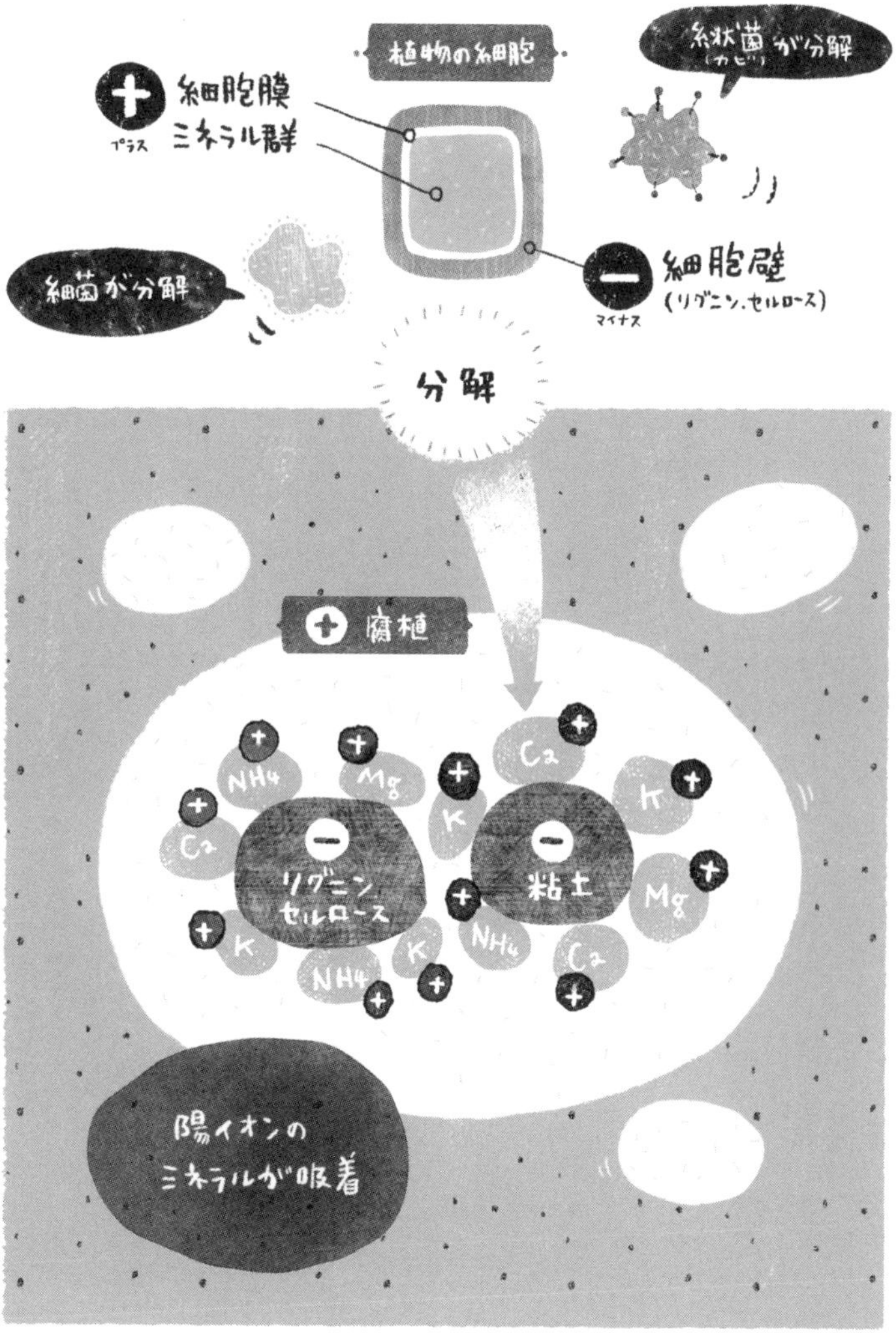

れば、そこには表面張力が働かず、雨などで土壌が濡れれば、水はどんどん地下へと流れていくことになります。

水が溜まらない隙間は空気で満たされます。しかし、水がすべて流れるわけではなく、腐植自体が塊なのですから、腐植の塊の中には水は留まります。

こうして、腐植がたくさんある畑の土には、適切に空気が残り、必要な分の水も残り、そしてミネラルの塊があり、植物が育つためのすべての原材料が残るということになります。

有機物をミネラルに替える最初の仲間たち

ここまで読み進めてきて「土って難しい」と、若干諦めかけている方もいるかもしれません。土を語ろうと思うと、その土がどのようにして出来上がっていくのかという説明が必要で、その出来上がっていく過程では、どうしても化学的な作用があるので、致し方ないことなのですが、とりあえずは、土と土壌の違いを知ってもらえればそれでいいと思います。

土は粘土でしかなく、それこそ子どもたちの工作で使ったり、茶碗を作ったりするときにも使いますが、それらは植物を育てるのには適しているとは思えません。

その反面、土壌は工作や茶碗には使いにくいですが、植物を育てるには必要なものが多く含まれており、**栽培するからには土壌を正しく作る**ということを念頭に置いておかざるをえません。そこで、この土壌を作っている、これから仲間となりうる立役者について少しお話ししていこうかと思います。

その立役者のひとつは**「虫」**です。それは眼に見える大きな虫だけではなく、眼に見えないような小さな虫も含めての話です。この虫たちが土壌を作る、最初の媒介者なわけです。

自然界では植物は種を落とすと枯れていきます。その理由は前にお話ししたように、持っていたミネラルを土に返すためです。枯葉や枯れ枝、枯れ根、そして種はミネラルに戻って土壌を作る原材料になっていきます。

しかし、枯れたとはいえ、最初はとても大きな物体です。これをどうやって土に戻していけばいいのでしょうか。少なくとも人間にはできません。いや、たとえそれを食べて腸内で分解させて糞として排泄したとしても、まだミネラル単体という形にはなりません。

人間が持つ腸内細菌は作り出したミネラルを体内に吸収させることはしますが、排泄物に関しては、残念ながら最小単位まで分解させていないのです。

しかし、ここに虫という存在がいます。山に落ちた枯葉は、年月が経つと、いつのまにかボロボロになっていきますが、実は一次分解者は虫です。

植物には細胞壁という硬い層があり、これを分解できるのは虫とカビである糸状菌しかいません。そこでまず落ちた枯葉や枯れ枝は虫たちによって食べられ、分解していくのです。

そこにいる虫たちは多種多様です。

たとえばダンゴムシ、そしてヤスデ、あるいは蛾の幼虫である毛虫もそうです。カブトムシの幼虫やクワガタの幼虫、あるいはコガネムシの幼虫もそうです。もっと言えば、トビムシ、ゴミムシ、あるいは皆さんもよく知っているミミズもそうです。

これらの虫は枯葉の匂いを嗅ぎつけると、そこに一気に集まってきます。そこには餌があるということを知ってしまえば、卵を産み、子ども育てることでしょう。そうやって虫はどんどん増えていきます。

普通であれば虫が発生したと大騒ぎでしょうが、土を土壌に替えてくれる大切な仲間です。無下に追い払ったり、殺したりしてはいけません。彼らが何をやっているのかを知り、観察し、野菜たちに被害がない限りはむしろ温かい眼で見てあげる必要があります。

確かに、ダンゴムシやコガネムシの幼虫、蛾の幼虫は野菜の芽や茎を食べてしまう厄介な面もあります。しかしそこにたくさんの枯葉があれば、あえて生きた草など食べません。なぜなら、生きた草は虫に食べられると毒を作ろうとするからです。

枯葉はそもそも土に戻ることが目的ですから、毒を作って虫を殺したり追い払ったりはしません。なぜ虫が野菜を食べてしまうかというと、そこに枯葉や枯れ草がないからです。

こうした虫たちは、自分の身体を作るために、あるいは子孫を残すために、枯葉などから炭素と窒素を得ようとします。もちろんタンパク質を持つ枯葉にはミネラルがあるため、それらも吸収しようとします。しかし、ミネラルよりも、まずは炭素が欲しい虫たちは体内から不必要なミネラルを排泄します。

このミネラルはまだイオン化されていませんが、枯葉からミネラル分を抜き出すということはやってくれているということです。

虫たちは枯葉だけで炭素を得ているわけではありません。土壌菌からも得たり、場合によっては空気中から炭素を得たりする虫もいるでしょう。しかし少なくとも枯葉や枯れ枝などを分解し、ミネラルを廃棄物として排出しているのは間違いありません。

なお、この虫は必ずしも地表面にいるとは限りません。

一次分解者でもあるミミズは土の中に棲んでいますし、その他の線虫という虫も一次分解者ですが、この線虫も土の中の虫です。

かつ線虫は肉眼で確認するのが難しいほどに小さな虫です。こうした虫が土の中にいるからこそ、地上部で枯れた草の根を分解してくれるわけです。

ミミズは、餌を探しに地表面に出てきて、枯れ草を食べると地中深く潜っていきます。そして有機物を体内で分解し、ミネラルを糞として地中に残していきます。このミミズが土の中を行ったり来たりすることで土が耕されて、空気が含まれ、植物の窒素吸収に一役かっているともいえます。

もちろん、虫だけが一次分解者ではなく、白い菌糸を伸ばす微生物でもある糸状菌、つまりカビも一次分解者です。糸状菌に関しては次で説明しますが、結局のところおひとり農業といっても、こうした虫たちの力も借りることで栽培というものが成り立つのです。

もちろん、虫を手放しに増やすということではありません。一次分解する必要がある有機物が大量にある場所では、どうしても糸状菌、つまりカビも発生しやすく、カビは野菜の病気の原因にもなります。

そのため、実際には畑の隅に枯葉や枯れ枝を分解させるための場所を設け、そこである程度一次分解が終わってから畑に持ち込むという方法が良いとは思います。その具体的な方法は次章で改めて説明しようと思います。

植物をミネラルとして循環させる小さな仲間たち

一次分解者は虫と書きましたが、虫だけではありません。実は微生物も一次分解者になり得ます。その一次分解者の菌を**糸状菌**といいます。カビというとわかりやすいかもしれませんが、カビといっても多くの種類があり、枯葉や枯れ枝につくカビは腐生微生物という言い方をします。

植物の細胞には細胞壁というものがあります。これは、植物は骨格を持たないため、身体の形態を維持することに貢献しているのですが、一番の目的は細胞を外敵から守るためです。自然界には病原菌やウイルスがいますから、それらが細胞内に侵入してこないように細胞壁で守っているわけです。

外敵から守るのですから、当然それなりの強さが必要ですので、細胞壁は強い食物繊維である、**リグニンやセルロース**などで構成されています。この細胞壁を壊すことで植物の細胞も分解していくのですが、細胞壁を壊せるのが、つまりは虫ということになります。

しかし、菌の中でもとても大きく、長い菌糸を持つ糸状菌も、細胞壁を壊すほどの力を持っています。

糸状菌というのはひとつの菌ではなく、菌の中でも2μ以上の、細菌の100倍ほどの大きさで、長い菌糸を持つ菌の総称であり、その種類は8万種いるといわれています。

糸状菌の中で有名なのがいわゆる**ニホンコウジカビなどの黄麹や黒麹、白麹、あるいは黒カビや青カビ**などです。多くは腐生微生物といい、酵素を作りながら枯れた草などの細胞壁を餌にして増殖していきます。

糸状菌の中には生きた草を餌とする菌もいて、そのような糸状菌を寄生微生物といって分別されたりもします。寄生微生物はいわゆる病原菌として認識されており、栽培途中に発生すると、野菜などが枯れてしまうこともあります。

しかし、腐生微生物は栽培中の野菜を枯らすことはありません。ただ強い酸を使ったり、酵素を作り出したりして、タンパク質や炭水化物を分解して行くことには変わりありません。

糸状菌はタンパク質や炭水化物を分解して、最終的には糖を得るのが仕事です。糖を餌として生きている菌なので、常に炭素を持つタンパク質や炭水化物などの有機物を分解しながら増殖していきます。

この糸状菌によって植物の細胞壁が分解されると、いよいよ細胞自体の分解が始まりますが、細胞自体の分解は糸状菌だけが行うわけではありません。実は糸状菌よりも二回りほど小さな菌である放線菌と呼ばれる、大きさは1μほどの、やはり菌糸を持つ菌が細胞を分解していきます。

このとき、放線菌は糸状菌の細胞壁をも分解してしまうので、実は放線菌が増えてくると、糸状菌自体が減ってくるということが起きます。ある種、有機物の分解をリレーしている感じです。

この放線菌も強い菌で、有機物をどんどん分解していきますが、最終的には菌糸を持たない最小の菌である細菌が発生し、細胞を木っ端微塵に分解します。

これらの微生物は有機物が持つタンパク質や炭水化物から、炭素や窒素を奪うことが最終目的であり、体内に取り込んだ炭素や窒素以外のミネラルなどは排出していきます。この排出されたミネラルが、土の中でイオン化して行くという流れになっています。

そしてイオン化されたこのミネラルが粘土や腐植などと結びつき、土を豊かな土壌に替えていくということです。この微生物群がいなければ、土はずっと土のままであり、痩せた土のままです。しかしイオン化されたミネラルが排出されることで、野菜を作るための土壌が出来上がっていくということです。

このことから、土を豊かにするためには有機物、特に枯葉や枯れ草、枯れ枝や枯れ根、あるいは種などを微生物の力で分解していってもらわなくてはならないということがよくわかります。ましてや、微生物を死滅させる農薬を使用するのも僕はおすすめしません。

「おひとり農業」は自分のための農業ですので、わざわざ購入しなくてはいけない農薬など使用しないほうがいいし、安心して食べることができますよね。

いろいろある植物の根の話

さて、土が土壌に変わっていくということはわかっていただけたと思います。
結局、土作りとは、土壌の中は腐植を増やしていくことがメインとなります。
腐植があれば多くのミネラルを吸着し、土壌中に空気が入り込み、余分な水は逃げていきます。水が逃げていくときにミネラルを流し出してしまうことはもちろんありますが、植物が生育するために必要な分は、ちゃんと粘土や腐植と結びついて残っていきます。

あなたがやらなくてはいけないのは、その腐植の元になる植物を常に土に残していくことです。もちろん動物の糞を混ぜ込んでも同じことができると思いますが、動物を飼うということは誰もができるわけでもなく、特に草をよく食べる牛や馬を飼うのは現実的じゃないですよね。せいぜい鶏でしょうか。

鶏なら自分たちの残飯や草を食べさせれば鶏糞を手に入れることはできますが、それよりも、誰にでもできるのは草そのものです。草を生やすことは容易いことです。

それらや落ち葉などを使った方がはるかに簡単です。それらを適切に土に戻していけば、豊かな土壌を作ることは誰にでもできます。

ところで、土や土壌のことはわかったと思いますが、その土や土壌の層についてはまだ説明していませんでした。

今説明した土壌というのは、あくまでも地表面から数十㎝までのところの話です。なぜなら、植物や有機物を分解してくれる菌の多くは、空気を必要としている菌だからです。土の深いところに行けば行くほど、空気は遮断されていきますから、そうした有機物を分解する菌がいなくなってしまいます。

そのため、植物の根も、根の浅い植物で20㎝ほど、根の深い植物でも１ｍほどしか根を張りません。もちろん背の高い木などはもっと深く根を張りますが、普通の雑草や野菜の根は浅いものです。

植物の根の構造は植物の種類によって違い、単子葉植物、双子葉植物、地下茎植物などに分かれています。

単子葉植物は細かな根をたくさん出して地中に伸びていきます。代表的なのは稲です。麦やエノコログサ、メヒシバなどもそうです。

　これらの根は細い根だけで構成されています。単子葉植物の根は双子葉植物よりも長く、種類によって違いますが、浅いもので40㎝、深いもので1ｍほどです。穀物系は大概このタイプの根です。

　双子葉植物は下に伸びる太い主根と、主根から横に伸びる側根、および側根から出ている細かな根である毛細根で構成されています。

　主根は支持根ともいい、植物が上に伸びていくのを支える役割と、水を探しにいく役割を担っています。側根は呼吸根とか栄養根ともいわれ、ミネラルを探しにいく根です。そして実際に水やミネラルを吸収するのは毛細根です。

前章で説明した栄養や水を集めてくる菌根菌は、大概この毛細根に寄生していきます。双子葉植物の根は、浅いもので20㎝、深いもので60㎝ほどです。双子葉植物はたくさんあり、多くの野菜はこのタイプの根を持ちます。

地下茎というタイプは、土の中に、根ではなく、茎を横に伸ばしていきます。土の中に縦横無尽に伸ばした茎はまるでネットワークのように大量に張り、どこの茎を切られても、栄養や水を送る道順を変えるので、茎を切ったり取り除いたりしても、なかなか枯れない植物です。

地下茎の植物は地上部の芽や茎が枯れると、別のところから芽を出して簡単に再生してくる強い植物です。地下茎の茎は深いもので1・5ｍほど潜るものもあります。主な植物はスギナやヨモギ、ドクダミなどです。野菜でいうとサトイモやレンコンなどです。

土の構造も知っておこう

この植物が根を張る場所を有効土層などと呼びますが、それに対し、栽培者が意図的に土を耕して空気を含ませ、有機物を分解してくれる菌や野菜の栽培を助けてくれる菌根菌を増やすべき層を生物層と呼びます。

生物層はだいたい浅い根の野菜を栽培しているところで20㎝ほど、深い根の野菜を栽培しているところでは30㎝ほど必要な場合もありますが、どんな野菜や穀物を作るかによって、生物層の深さは変わってきます。

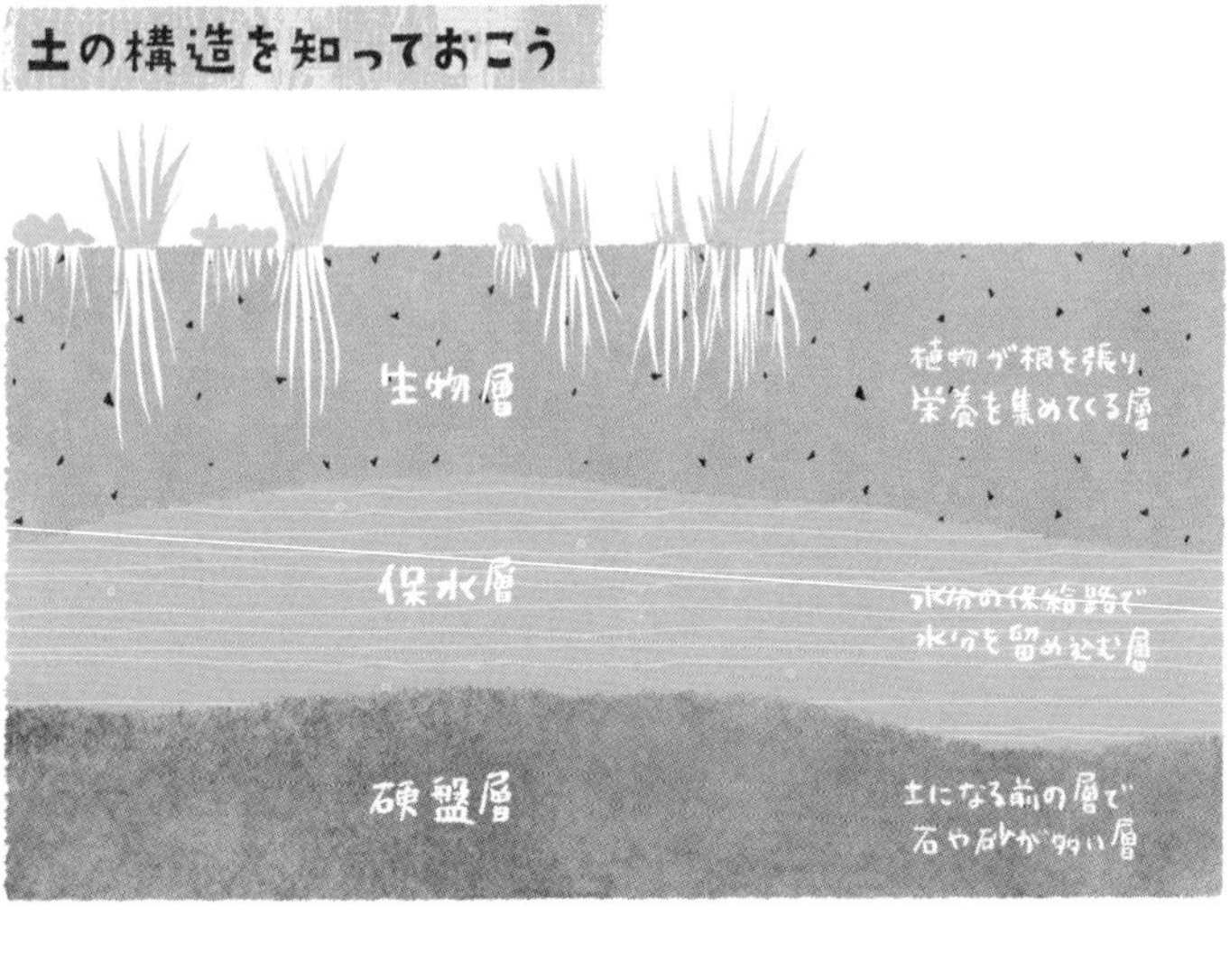

この「おひとり農業」では、自分のために多品種の野菜を作るということが前提ですので、生物層は30㎝ほど必要と考えてください。

この生物層は常に空気が存在し、有機物を分解する腐生微生物や、栄養を持ってくる菌根菌が生きていける環境にしておかなくてはなりません。これらの菌を空気が必要な菌として好気性の菌と呼びます。

生物層は耕すことでできると言えばできるのですが、空気だけでなくミネラルも必要な層です。双子葉植物の側根は大概この生物層に伸びていきますから、この生物層に腐植をたくさん作っておく必要があります。そのために、草などをこの作土層で分解させるか、草が分解した腐植を生物層に混ぜ込む必要があります。

腐植があれば空気も残りますが、ミミズなどの虫が生物層で動くことでも空気が入りますし、地上部が枯れた植物の根を分解すれば、そこにも空気が残ります。そのような状態になれば、わざわざ耕すという作業も必要なくなってきます。つまり土の中に腐植がたくさんでき、虫たちが活動するようになれば、耕さない不耕起栽培も可能になります。ただし、腐植があまりないときに不耕起栽培にしてしまうと野菜は育たないので注意が必要です。

この生物層の下には粘土の層があります。粘土の層には空気があまりないので、有機物を分解させる腐生微生物や菌根菌は少なくなります。しかし、この層もとても大事な層です。僕はこの層を**保水層**などと呼んだりします。なぜなら粘土質ということは水を溜めやすいからです。

植物の根は最初に水を探しにいきますが、この粘土層、保水層にぶつかるとそこから水分を吸い上げ、光合成を始めます。それだけ大切な層ということになります。しかし、この保水層が浅いところにあると、畑の水捌けが悪くなり、生物層にまで水が溢れてくることになります。通常なら保水層が水を吸収し、吸収しなかった水は地下へと流れていくものです。

この保水層がとても硬くなっていたり、浅いところにあったりすると、保水層に水が染み込む前に生物層に溢れ、そして地上部にも溢れてきます。そうなると好気性の菌が生きていけなくなり、野菜が育ちにくくなります。

この層を硬くしている原因は、だいたいが重い機械を使う人間の仕業です。

重機や大型のトラクターなどで何度も掻き回すからどんどん硬い層が出来上がっていくのです。

ここでその重機や大型のトラクターを持っている人なら、それを使って壊すこともできます。なので、プロの農家などはメンテナンスすることができるのですが、たとえばこれから自給農をやろうとしているとき、前の耕作者によって硬い層を作られていたら、自分では壊すことができなくなります。

そうなると、畑に高い山（畝《うね》といいます）を作って、水捌けを良くしたり、硬い粘土質の層までの距離を保ったりするような物理改造が必要になってくるわけです。なお、畝の作り方は次章で説明します。

腐植の多い良い土壌とはどんな状態？

腐植が多い土壌とはどのような土壌なのか、とても気になるところです。そこで、腐植が増えてきた土壌はどのような物理性があるかを簡単に説明しておきましょう。

腐植には色があります。腐植は多くのミネラルをくっつけているので、光の屈折などの影響で黒ずんでいきます。

黒ボク土という土が全国にありますが、この土は真っ黒です。関東平野をはじめ、青森や岩手、長野、山梨、鳥取近辺、熊本や鹿児島に多い土です。このことから、黒ボク土というのは大きな火山のある、火山灰土によってできた土だということがわかります。

火山灰土はもともと酸性の強い土です。主な成分は鉄やアルミニウムです。この火山灰土では植物が育つことは難しいのですが、先に説明したように長い年月をかけて、苔が生え、植物が育つようになり、それらが朽ちて火山灰土に混ざっていきます。

このとき、主成分がアルミニウムということも重なって、ミネラルがたくさんくっつき、黒くてミネラルが多い土になったわけです。もちろん欠点もあります。欠点は鉄です。鉄が多いと、植物の必要なリン酸というミネラルを使えなくしてしまうという悪い面もあるのですが、総じて黒ボク土はミネラルがたくさん含まれています。

皆さんの畑が、たとえ茶色や赤、あるいは灰色の土であっても、植物を分解し、腐植が多くなってくると、色は黒ずんできます。つまり腐植が多い土というのは、周りの腐植が少ない土に比べて黒ずんでいるという特徴があるわけです。

今後、土壌を良くしようと植物などを分解させて混ぜていけば、その土は周囲よりも黒ずんでくるはずです。

それから、物理性も良くなります。物理性とは水捌けのことと、崩れやすさです。まずその土を育苗用のポットに入れて、水をかけてみてください。水がゆっくり消えていけば物理性の良い土です。水がなかなか抜けない場合、たとえば良い土なら30秒ほどもあれば水は抜けますが、数分間抜けないようなら、腐植の多い土とはいえないかもしれません。

手で土を握ってみてください。ギュッと握れば団子状に固まると思いますが、腐植同士が反発していれば、親指で押すだけで簡単に崩れるはずです。崩れないようなら粘土質の硬い土ということになります。

これだけで判断できるわけでもないですが、特に耕すこともせず、植物を混ぜ込むこともなく野菜が育つようなら、その土は豊かな土壌ということになります。ただし、前耕作者が混ぜ込んだ化学肥料などが残っていないという前提ですが。それを知るためには、前耕作者に聞いてみるしかありません。

土壌p《ペー》H《ハー》の大切な意味

最後に、土壌のpHについても触れておきます。土壌も人間と同じようにpHがとても大事になります。pHとは酸性かアルカリ性かという指標です。

通常、日本の土壌は弱酸性です。これは火山灰土でできた土壌に多くの植物が生えて朽ちていった結果ともいえます。この弱酸性の状態であれば、植物はよく育ちます。

というよりも、弱酸性の土壌に生えやすい植物が生えているともいえます。ちなみにpHは0が強酸性、14が強アルカリ性で、中性が7です。弱酸性とは6〜7をいいます。

弱酸性で育ちやすい植物が育っているのと同じ理由で、土壌にいる微生物も弱酸性を好みます。つまり弱酸性の土壌であれば、日本国内においては微生物も植物も元気に生きていけるということです。

同じことが野菜にもいえます。日本で育てている野菜の多くは、弱酸性を好むものが多いようです。もちろんその野菜の原産地によってはアルカリ性の土壌のものもあるでしょうし、酸性土壌のものもあるでしょう。しかし、そこで無理やり日本の土壌のpHを変えるのではなく、弱酸性土壌で育ちやすい野菜を日本で作っていると考えてください。

もちろんプロの農家は土壌を酸性にしたりアルカリ性にしたりして、異国の地の野菜などを作ったりしますが、自給農においては、そこまで土壌の状態を変えるべきではありません。弱酸性の土壌を維持し、そこで育つ野菜を栽培していくべきでしょう。

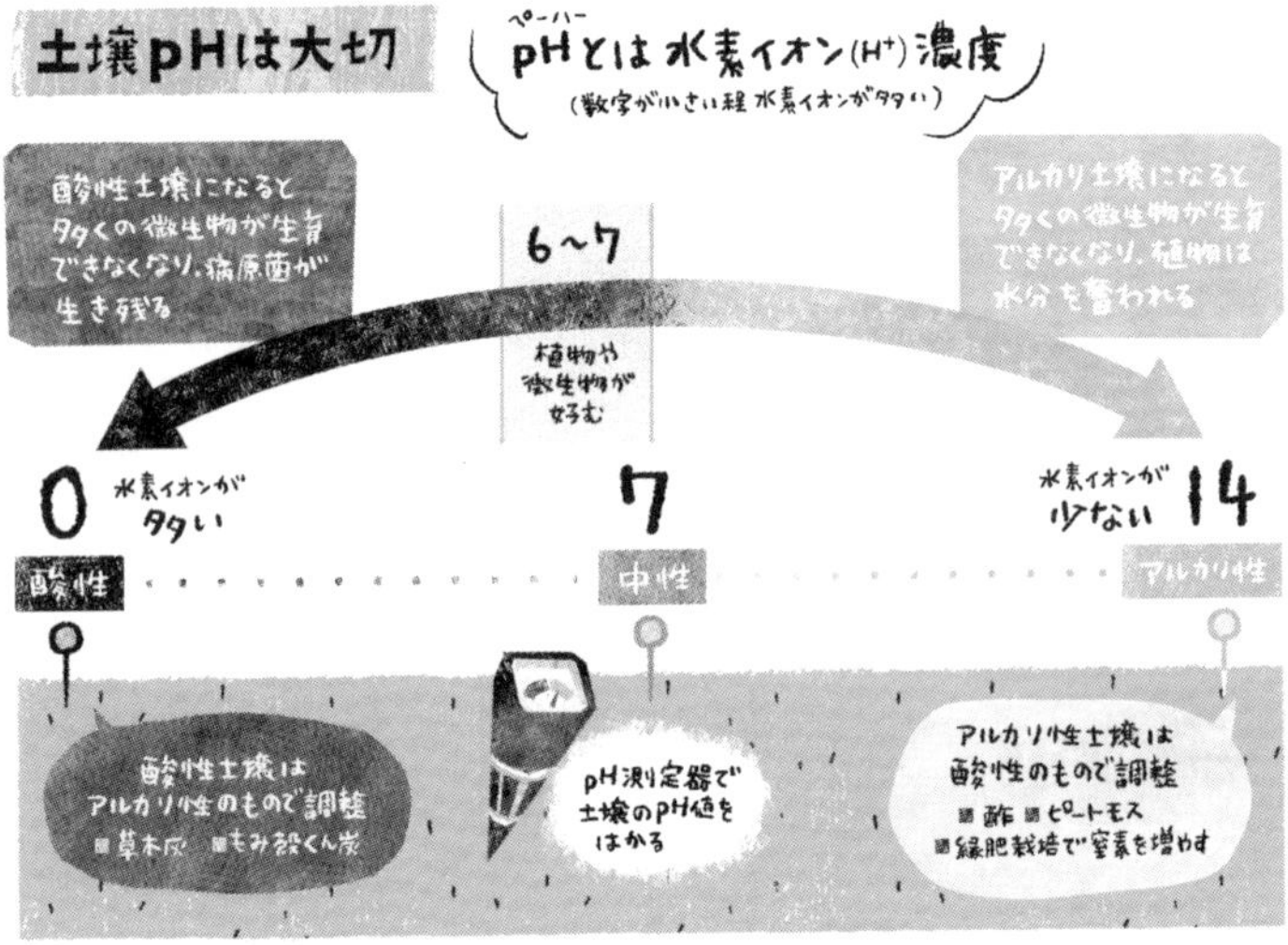

土壌pHは大切
pH《ペーハー》とは水素イオン(H+)濃度
(数字が小さい程水素イオンが多い)
酸性土壌になると多くの微生物が生育できなくなり、病原菌が生き残る
6~7
植物や微生物が好む
アルカリ土壌になると多くの微生物が生育できなくなり、植物は水分を奪われる
0 水素イオンが多い
7
水素イオンが少ない 14
酸性
中性
アルカリ性
酸性土壌はアルカリ性のもので調整
草木灰 もみ殻くん炭
pH測定器で土壌のpH値をはかる
アルカリ性土壌は酸性のもので調整
酢 ピートモス
緑肥栽培で窒素を増やす

土壌を酸性にしてしまうのは、多くの場合は化学肥料です。自給農においては、化学肥料は使いませんので、あまり関係ないかもしれません。

次に土壌を酸性にするのは雨です。畑の土を裸状態にし、草も生えていない状態にすると、降り注いだ雨は地下へとどんどん流れていきます。このとき、土壌にあったアルカリ性を示すミネラルが押し流されてしまうことがあります。それでなくても、雨の中には窒素酸化物や硫黄酸化物があり、土壌を酸性化しやすいものです。

こうやって土壌が酸性化していくのを防いでいるのが草です。草は根を張ってミネラルを吸収し、特にアルカリ性を示すミネラルを吸収し、そして最終的には土の中で朽ちていきます。

このアルカリ性を示すミネラルとは、カリウム、カルシウム、マグネシウムなどで、草や野菜の主成分にもなっています。草が枯れて土に戻れば、カリウム、カルシウム、マグネシウムが供給され、それが腐植となり、最終的には土壌となって行くので、酸性化せずに長く弱酸性を維持することができます。そうすれば、野菜も微生物も健康に元気に育ちます。

普通の栽培では、土を裸にしてしまうために、土壌は酸性化していきます。そのために石灰つまりカルシウムを撒いてなんとか弱酸性を維持しようとしますが、草を生やし、それを分解させて土に戻してあげればそれで済む話です。だから森や林の中は常に草で覆われているわけです。

栽培するにあたっても、このpHというものを意識し、土壌が正しく弱酸性を維持できているかを確認してください。pH計（酸度計ともいう）が市販されていますので、簡単に調べることができます。土壌にたくさんの水を撒き、その水が捌けたら

ｐＨ計をさして数分待つだけで計測できます。

土壌がアルカリ性に傾くことは実は少なく、大概は酸性に傾きます。

もしどうしても酸性に傾くようであれば、カリウムやカルシウム、マグネシウムを主成分として持つ草木灰などで改善することはできます。しかし、基本は草を正しく土壌に戻していくことです。

第４章

巡る季節の野菜作り
基本の〝き〟

1人でどのくらいできるのか

僕のセミナーで本当によく訊かれる質問が、**「自給するためにはどのくらいの広さの畑が必要か」**と**「どのくらいの広さまでなら作業的に無理がないか」**です。

確かに、プロの農家を見ていると広大な畑で作業しているし、毎日畑で作業をしているイメージがあるかもしれません。しかし、実際にはプロの農家でもひとつの畑にかける日数や時間はとても限られています。

僕が農家として生活していたときは、畑が12か所ありました。12ヶ所ということは、単純に考えて、1か月に2回しか作業を行うチャンスがないということです。もちろん手間のかかる野菜と、手間のかからない野菜や穀物によって通う頻度は違うわけですが、おそらく一番手間のかかるナス科の畑でも、月に4～5日行く程度ですし、繁忙期でも、せいぜい10日間ぐらいです。

それもプロの農家だと栽培する数が多いからで、実際に自給用の畑となると2～3

日しか行かないということもありました。

この本では、自給的農業について書いているので、その観点から考えると、週末農業だとしても月に8〜10日あることになります。すべてを農作業に没頭するわけにもいきませんが、おそらく月に3〜4日くらいは畑作業が可能でしょうか。実はそのくらいの日数で、十分に自給的農業は可能です。

畑の使い方にもよりますが、僕が指導している自給農では、大人1人（食べ盛りの子どもは大人相当）に対し100坪あれば、必要な分の野菜、お米、麦、大豆は作れると伝えています。たとえば家族4人だとすると400坪です。

1年に食べるお米の量が仮に150kgとすると、200坪の田んぼが必要になります。醤油や味噌を作るための大豆は20kgとすると50坪。パンやうどんや醤油のための麦は50坪。その他の野菜に100坪。合計で400坪です。

ただ、実際には栽培に失敗することもあるので、多めに作っておこうという考えもわかりますが、他に仕事を持っているとすると、家族4人で400坪の田畑をやるのが限界かと思います。もちろん、機械を使えばもっと広い田畑をやることはできますが、今回の自給的な農業とは別のものになってしまいます。

では100坪の畑でどのくらいの野菜が作れるのかということになります。

それは畑の使い方によって全然違いますが、年間30種類以上の野菜を必要な分栽培することができます。キャベツや白菜のように1株にひとつしか収穫できないものもありますが、トマトやナス、ピーマンのように1株で複数の作物が個収穫可能なものもあります。

野菜一種類に対して考える場合は、だいたい1~3坪あれば大丈夫です。キャベツなら1坪で10個ほど。トマトなら1坪で5~10kgは収穫できます。

もちろん、上手くいけばの話ですが。

なお、畑には堆肥を作る場所や苗を作る場所、場合によっては水場や道具置き場、駐車場や通路が必要で、だいたい畑の面積の3割は作物を植えることができませんので、その点も注意が必要です。

ただ、すべての野菜を作ると考えるよりも、手が行き届く範囲で栽培し、仲間と分

1家族4人が自給可能な栽培面積		
・お米	２００坪	１５０kg
・大豆	５０坪	２０kg
・麦	５０坪	２０kg
・トマト	１坪	１０kg
・ナス	１坪	５kg
・キュウリ	１坪	３０本
・カボチャ	１坪	３個
・ピーマン	１坪	３kg
・キャベツ	１坪	１０玉
・白菜	１坪	１０玉
・大根	１坪	２０本
・玉ねぎ	１坪	１００個
・ニンニク	１坪	１００個

け合ったり、ないものは購入したりするという考えもあるでしょう。

おひとり農業とはいっても、多くの仲間と栽培に勤しむほうが楽しいし、種類も豊富に揃うことになります。

どうやって畑を探すの？

農地で田畑をやるのが基本です。特に田んぼに関しては水を溜めなくてはいけないので、どこでもいいというわけにはいきません。ちゃんとした側溝や小川が必要で、そこから田んぼに水を入れ、また溜まった水を流す必要もあります。

そのためには田んぼとして整備されている場所で行うのが無難です。地域で圃場整備された場所があれば、車で多少走らなきゃいけない場所であっても致し方ないことです。

また、圃場整備されている場所は、硬盤層と言われる水が滲みにくい土の層が作ら

田んぼに水を入れ、鍬を使って、深さ20cmくらいのところまで3本鍬というもので土を掻き回し、トロトロした土の層を平らに作ります。こうすると、トロトロ層とその下の土質が変わり、水が溜まりやすくなるだけでなく、稲の苗が植えやすくなります。もしトロトロ層が凸凹していると、場所によっては苗が沈んでしまいますので、均一な高さに揃えます。

田んぼの周りに土を盛って水が溜まるようにする作業です。土手塗りといいますが、ここがしっかりできていないと、外に水が漏れ出してしまいますので、平らな鍬を使って塗り固めていきます。

れているので、水が溜まりやすく使いやすいものです。もしこの硬盤層がないと、水を入れても抜けていってしまいますので、代掻きといわれる作業や土手塗りといわれる作業を行う必要があります。

これらは農業機械で行うことが多いのですが、手作業でもできなくはないでしょう。しかし正直とても大変な作業です。

また、田んぼとなると農地法が関わってきます。農地は農業を行う者にしか借りられない、または買えないように、農地法によって制限されています。

田んぼを借りたり買ったりするときは、この農地法の許可申請をしてから行う必要があり、一般的にはハードルが高いものです。もしあなたが本気で農業を行う気があれば、この農地法の許可申請を行うことをおすすめしますが、地域によってはなかなか許可されないということもあるので、すでに知り合いが借りている、あるいは所有している田んぼの一部を使わせてもらう方が簡単です。

もちろん、そんな知り合いがいないと話が進みませんが、数人で田んぼをシェアするような「シェア田んぼ」を利用するのも手かと思います。

では畑はというと、地目が畑になっているところでは、田んぼと同じで農地法の許

空き家バンク制度と農地法3条申請

可申請が必要ですが、畑に関しては側溝や小川がなくても構いませんし、水はむしろ溜まらないほうがいいので、地目は宅地でも雑種地でも構いません。

宅地や雑種地であれば割と簡単な手続きで借りたり買えたりしますが、自分の家にちょっとした庭や空き地が付いていれば、そこを利用する方が面倒がありませんし、歩ける距離にあった方が、畑に行くために車に乗るという心理的な圧力もなく、行くことが億劫になりにくいものです。家の庭ならもっと良く、ちょっと野菜が足りないときに、庭に出て収穫すればいいだけです。

最近は、地域の条例により、ちょっとした畑付きの家も買えるようになりました。以前は畑が付いた物件は買いにくかったのですが、空き家の活性化のために条例も作られるようになりました。

もともと、国土交通省では農地の購入には下限面積といって、最低1500坪（北海道は6000坪）の畑を耕作することが条件だったのですが、空き家バンク制度が導入され、各地域の行政の判断で、小さな畑でも家付きであれば一般の方でも購入できるようになっています。そうした制度を利用するのもいいと思います。

田畑をするには道具は何を用意すればいい？

畑の場所が決まれば、次に何を用意すれば良いかを考えてみます。

この本では、田んぼではなく畑について書いている本なので、畑をするうえで必要なものを説明します。

まず、その場所がどのような状態かによりますが、すぐに畑として利用できる場所であれば、それほどたくさんの道具は必要ありません。

しかし、もし耕作しなくなって放ったらかしだったりする畑の場合は、その荒地を畑として整えるところから始めなくてはいけません。

そこで、必要な道具について、開墾から収穫後の野菜の保管についてまで書いてみます。

① 開墾

まず、草刈りのために鋸鎌《のこぎりかま》が必要です。刀が鋸のようなギザギザの鎌です。背が高い草が生えているような場所ですと、通常の鋸鎌では到底刈りきれないので、エンジン式かバッテリー式の草刈機が必要になります。

また、草刈機で刈った草を集めるのにレイキがあれば便利でしょう。ただ、これらは頻繁に使用するわけではないので、持っている人から借りてもいいのかもしれません。

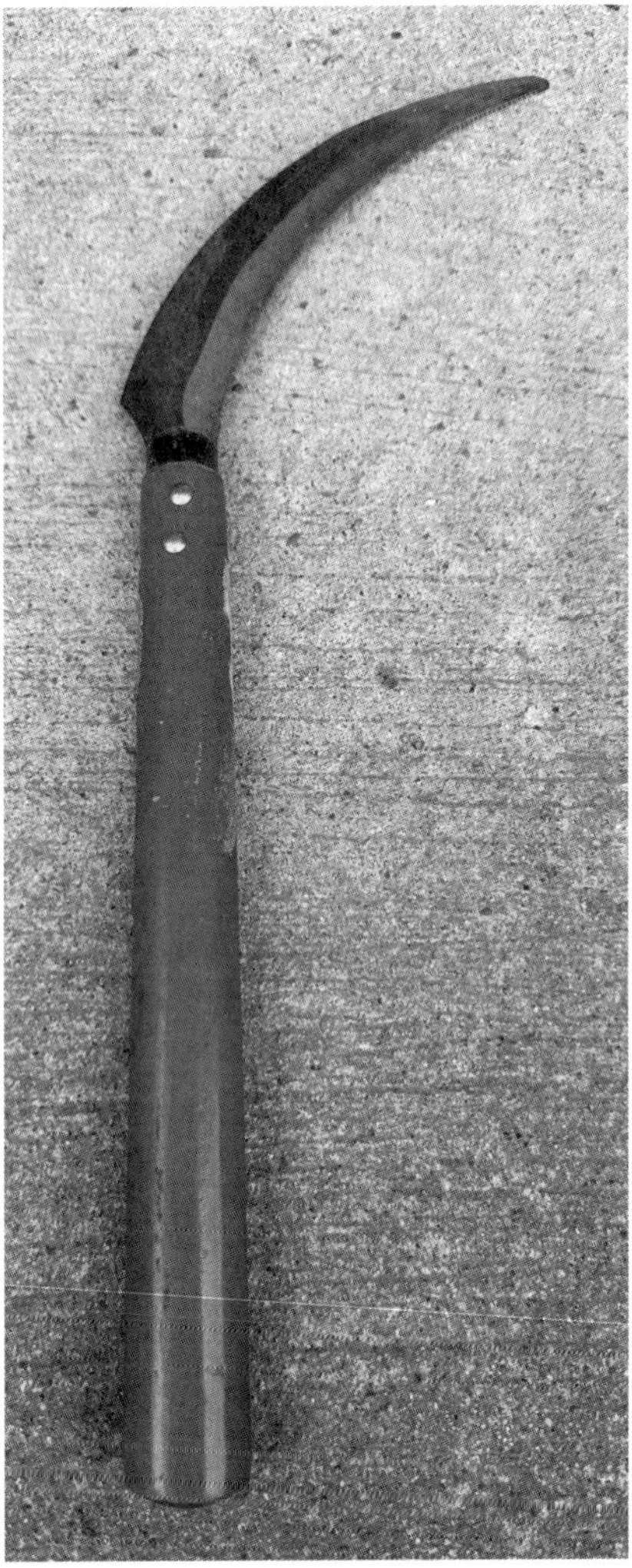
鋸鎌

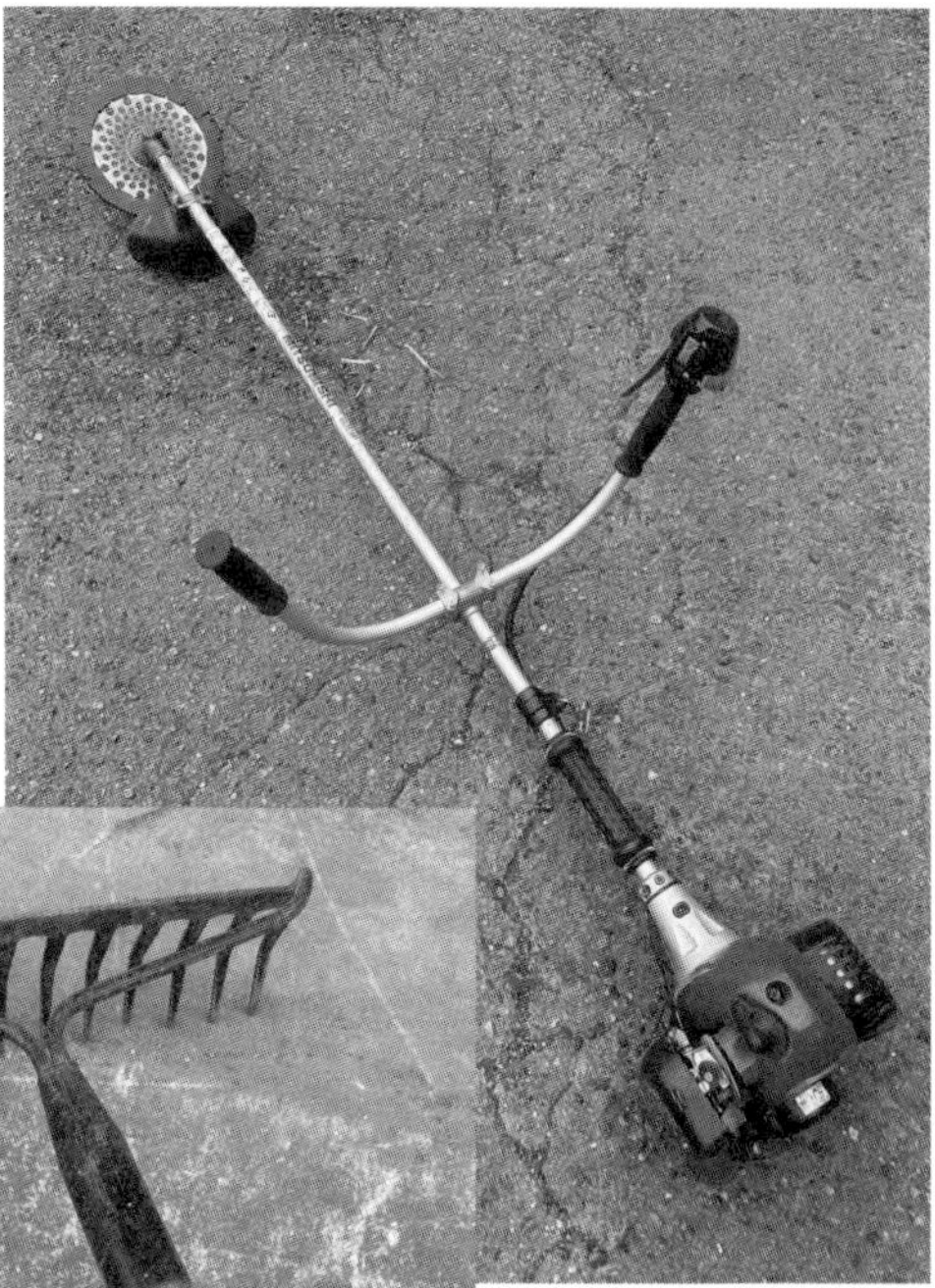

草刈機

レイキ

② 畝作り

畝作りとは、畑で野菜を植える場所だけを通路よりも一段高くすることです。そうすることで生物層を増やして根を張りやすくしたり、水捌けを良くしたり、空気を含ませたりします。

この畝を作るためには、土を通路より高く盛らなくてはいけないので、そのための道具が平鍬《ひらくわ》です。平鍬は畝作りだけでなく、堆肥を混ぜたり、土をほぐしたりするのにも使えます。

先は平らで四角くなっているのが平鍬で、先が3つの爪になっているのを3本鍬といいます。また土が硬い場合は、エンジン付きの耕運機があれば便利ですが、20～30坪の小さな畑なら必要ないでしょう。その他に剣先スコップがあると便利です。

なお、平鍬といってもいろいろな種類があります。木枝に鍬が接続されているのですが、そこが鋭角なものと鈍角なものがあります。鋭角なものは畝作りに、鈍角なものは土を耕すときに使います。

三本鍬と平鍬

剣先スコップ

耕運機

③　苗作り

農業を始めたばかりだと、苗は購入することが多いとは思いますが、おひとり農業ではできるだけお金を使わないで農業を行うので、苗を自分で作るということも視野に入れておく必要があります。

その場合、必要なものはたくさんありますが、ここでは道具だけを取り上げてみます。

苗は暖かい場所を作らなくてはならないので、小さな温室があると便利です。ホームセンターなどで売っているもので大丈夫でしょう。それから苗を作るための育苗ポットというものも必要です。

育苗ポットは一度買えば何度でも使用可能です。またその育苗ポットを入れる育苗トレイがあると便利です。

それ以外に、水やりをするためのジョーロが必要です。

育苗ハウスと育苗ポット

ジョーロ

④ 種薪き

種薪きは、大規模に農業をしない限りは手で蒔くだけですので、機械や道具はあまり必要ありませんが、種を蒔くための穴を掘る道具があると便利です。

たとえば一列に種を蒔く場合は、三角ホーと呼ばれる、先が三角になっている刃が付いた道具が便利です。

また苗を植えるときにも穴を掘りますので、この場合は移植ゴテが便利です。

なお、種を蒔く場所に短い草がたくさん生えていたりする場合は、片手鍬があると簡単に草を取り除けます。

三角ホー

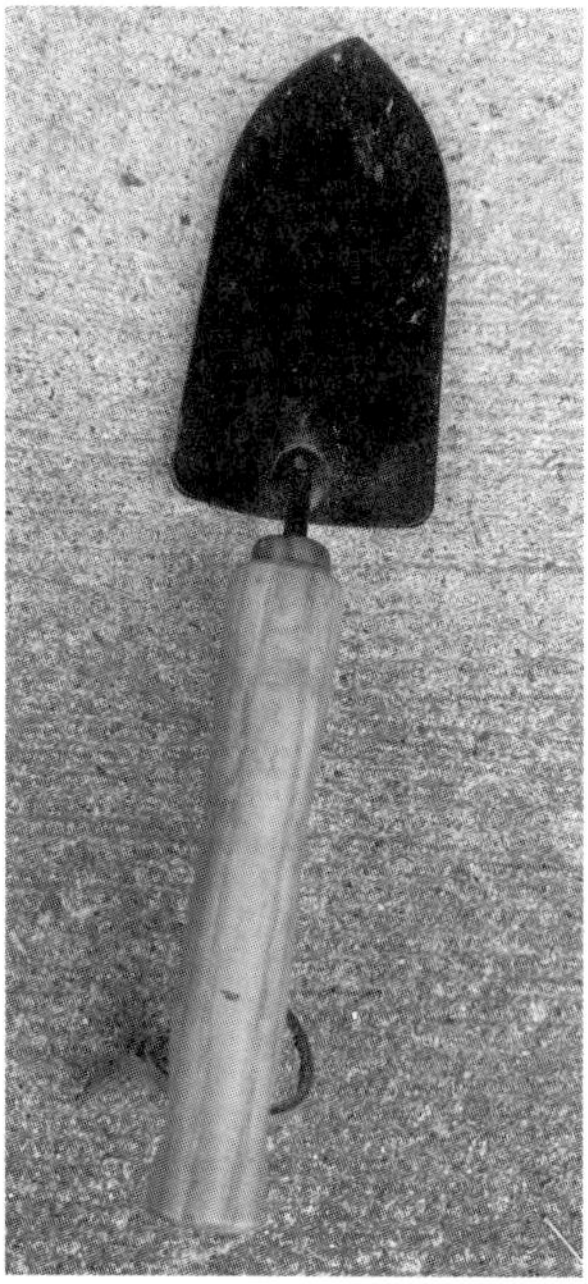

移植ゴテ

片手鍬

⑤ 管理

管理といっても、野菜によって様々ですが、たとえばトマトやキュウリなどを作るためには支柱とネットも必要でしょう。

またトマトは雨に弱いので、雨避けも必要になるかもしれません。また、ナスやピーマンは倒れやすいので支える支柱も必要ですし、キャベツや白菜は虫に食われやすいので、トンネル支柱と虫除けネットも必要でしょう。

通常の管理では、枝を切ったり、葉を落としたりするので、そのための剪定鋏が必要になります。

トマトの雨避け

トンネル支柱と虫除けネット

⑥ 収穫

収穫時では剪定鋏はもちろん、収穫籠が必要になります。収穫後に干さなくてはならない野菜、たとえば玉ねぎやニンニク、大豆や小麦などですが、それらを干す場所に物干し竿などがあると便利です。

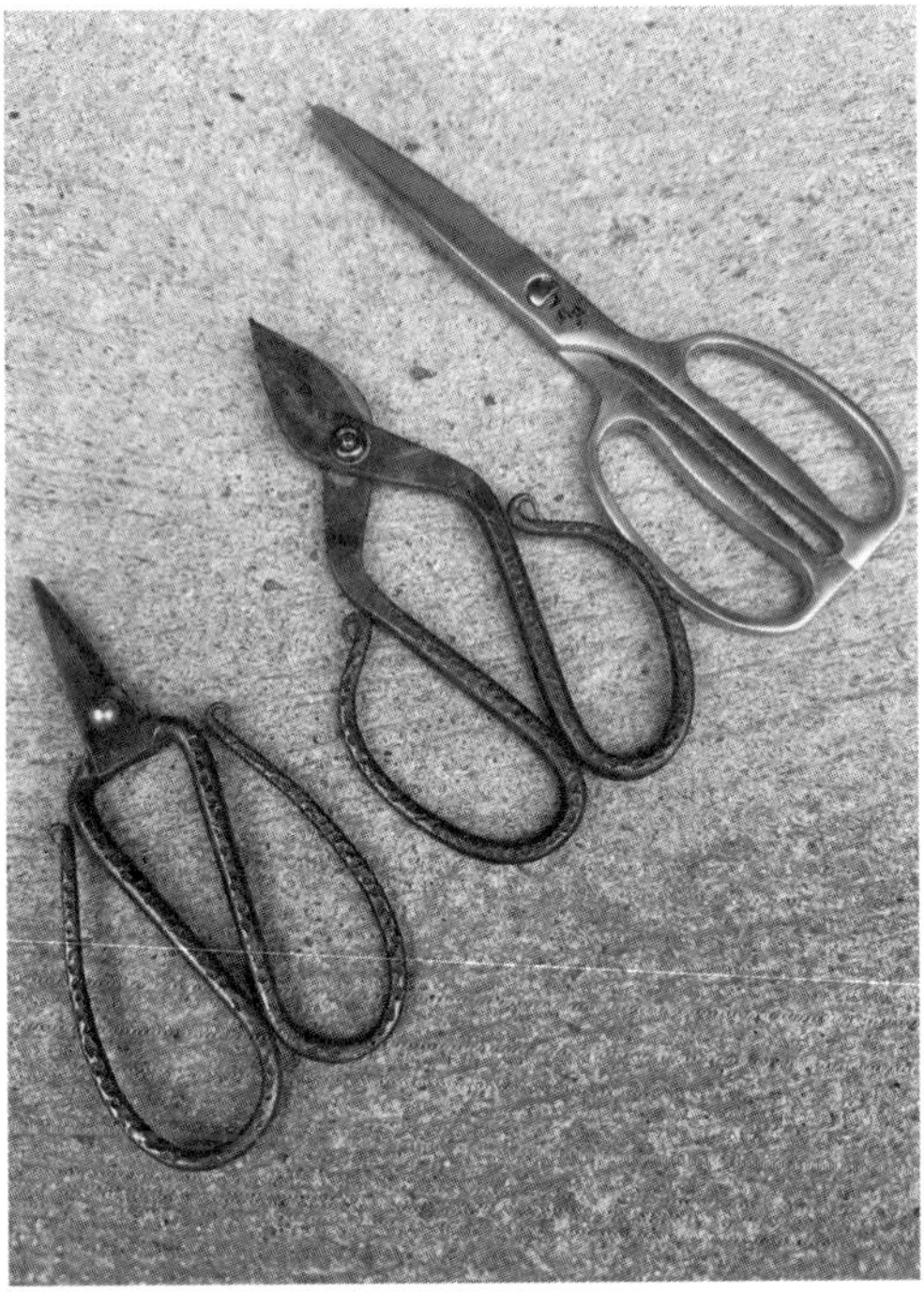

剪定鋏

収穫籠

干し場

⑦ 保管

野菜の保管は、通常は涼しいところに置いておくだけですが、豆類や小麦などは虫が湧きやすいので、冷蔵庫保存しなくてはならないときがあります。

たくさん作る場合は、冷蔵庫以外に、保冷庫と呼ばれる簡易の冷蔵庫があると便利です。

もちろん虫に気をつけて常温保管でもかまいません。その他、寒さに弱い野菜などは発泡スチロールなどがあると便利です。

発泡スチロール

保冷庫

さて、畑を耕してみようか

さて、いよいよ野菜を作っていきます。そのための基本からお話ししていきます。

今までも説明しましたように、土の中には空気が必要です。植物は土の中の空気から窒素を吸収し、それを元にタンパク質などを形成するからです。

また水が滞留してしまうのも野菜が育たない原因となってしまいますので、空気がなく水が滞留する土の物理性を良くしようと思うと、耕す必要が出てきます。

しかし、ただ耕せばいいだろうと思われると問題が発生します。それは、耕すことで微生物たちの棲家を壊してしまうことと、土作りに必要な草たちが一旦消えてしまうことです。

では、どうすれば良いのか。まずは土の硬さを見てください。

そこに草たちがたくさん生えていれば、土はそれほど硬くないかもしれません。草たちの根や土壌動物たちが土を先に耕してくれているからです。硬くなければ空気が含まれているということですし、水捌けも良ければ、わざわざ耕す必要もありません。

よくよく考えてみると、縄文時代から弥生時代と、人々は畑や田んぼで野菜や穀物を作り続けてきました。彼らが土を耕すための十分な農機具を持っていたとは到底思えません。

縄文時代の農具としては、石を使用したものが多いのですが、罠で捕らえた獣を捌くためのものばかりで、土を耕すのに使っていただろうと思われる農具はほとんど見つかっていません。

弥生時代に入り、水田稲作が行われるようになると鍬が作られますが、木製のものが多く、金属の鍬などは決して誰もが使っていたわけではありません。つまり縄文時代は、草が生え、土壌動物がたくさんいたので、土を耕す必要がなかったのではと考えられます。

弥生時代に入り、水田稲作になると鍬が使われるようになりました。しかしそれはあくまでも稲の苗が植えやすいように土を平らにし、水を均等に張るためです。耕すことで縄文時代よりはたくさん収穫できるようにはなったと思いますが、決して深く頻繁に耕すことはありませんでした。耕せば耕すほど、土壌微生物や土壌動物に影響を与えてしまうからです。

室町時代や安土桃山時代、江戸時代、明治、大正、昭和と畑作は続きますが、今のように耕運機などありません。せいぜい馬耕という、馬に特殊な道具をつけて、ゆっくりと歩かせるぐらいでした。

今は金属の機械で一気に耕してしまいますが、そうすることで土壌微生物や土壌動物が減ってしまうことになりました。とはいえ、化学肥料という技術が世界を席巻したので、それでも構わなかったのです。

しかし、おひとり農業においては土壌微生物や土壌動物の助けを借りるわけですから、土が硬いからといって、そう乱暴に耕すことはできません。

ではどうやって耕せばいいかですが、問題は深さとスピードです。

鍬を使えば、スピードはゆっくりになります。ゆっくり耕すというのはどういうことかというと、土を細かく粉々にしないということです。せっかく腐植物質を作り、ミネラルを吸着させ、かつ空気が入る隙間も確保しようとしているのですから、それを粉々にかき混ぜるのではなく、ゆっくりと鍬を入れて土をほぐしていけばいいわけです。そうすれば、土壌動物を死滅させる可能性もグッと減ります。

それと深すぎないことです。

土には好気性の菌がいることは説明しました。もし土を深く耕してしまうと、好気性の菌たちが土の深いところに強制移動させられ、死滅してしまうかもしれません。

好気性の菌とは有機物を分解してミネラルを放出する腐生微生物や、植物の根に寄生する菌根菌たちです。これらの菌は土の表面から60㎝程度のところまで生息していて、特に表土から20㎝辺りにひしめき合っていますから、土を耕すのなら、20㎝くらいまでに留めたほうがいいと思います。そこを混ぜ込んでも好気性の菌たちが死滅する可能性は減ります。

菌たちが棲んでいる環境を壊さなければ、混ぜられたことによって、むしろ菌たちは仲間を増やそうとして増えることもあります。米糀などを作っているときに、職人さんは米糀を時々混ぜたりしますが、そうすることで菌を増やしているのです。

結論を言えば、平鍬や、もし土壌が固ければ剣先スコップなどを使ってゆっくりと浅くかき混ぜていきます。

鍬を入れる間隔や剣先スコップを入れる間隔は20～30㎝もあれば十分です。鍬の先の金属の長さもせいぜい20㎝程度なので、鍬であれば、それほど深くかき混ぜることもありません。

鍬を振り下ろし、土を少し持ち上げたら、30㎝ほど下がって、同じように鍬を入れて土を持ち上げる。それを端から端まで繰り返していく感じです。

このとき草は事前に刈っておく必要があります。

根元で刈った草は、のちほど堆肥にしたり、土壌を覆ったりするのに使用しますので、捨てずに取っておいてください。根は残して切っていますので、根は土壌の中に混ぜ込むことになります。この根がやがて分解しミネラルになっていきます。

また、根を残して切ることで、しばらくすると草はまた生えてきます。草を邪魔者扱いにしないでください。草があるからこそ、土壌がいつまでも生き生きしているのです。

畑の姿を想像してみよう

①　畝の高さを決める

土壌がほぐれたら、畑を設計してみます。設計とは、畝作りと排水計画のことです。畝とは通路よりも一段高くなっている細長い山のこと。高さはだいたい20～30㎝、幅は90㎝、長さはその畑次第ですが、あまり長くはしないほうがいいかもしれません。

この畝の上に野菜を作るのですが、野菜を植える場所の水捌けだけは、しっかり考えておく必要があります。水が滞留すると空気層が奪われ、病原菌が繁殖しやすいからです。畝は通路より高く設計しますので、通常、畝自体は水捌けが良くなります。

特に畝の高さが高くなればなるほど水捌けは良くなります。つまり乾きやすい畝になるということです。土質が粘土っぽくて水捌けが悪いとか、元々田んぼだったところを畑にしようとすると、この水捌けの悪さが際立ってきますので、畝を高めに作る必要があります。

通常なら20センチもあれば十分ですが、水捌けの悪いところでは30センチ以上の高さにすることもあります。

② 畝の幅を決める

また、畝の幅をどのくらいにするかも大切です。畝の幅は作る野菜によって変えるのが一般的ですが、正直に言って、おひとり農業で畝をしょっちゅう作り変えるのは大変です。

畝を作るのは土木作業になりますので、それなりの力と体力も必要になります。それにやたらと土を掘り返すのも、土壌微生物や土壌動物にとっては迷惑千万でしょう。そのため一度作っ

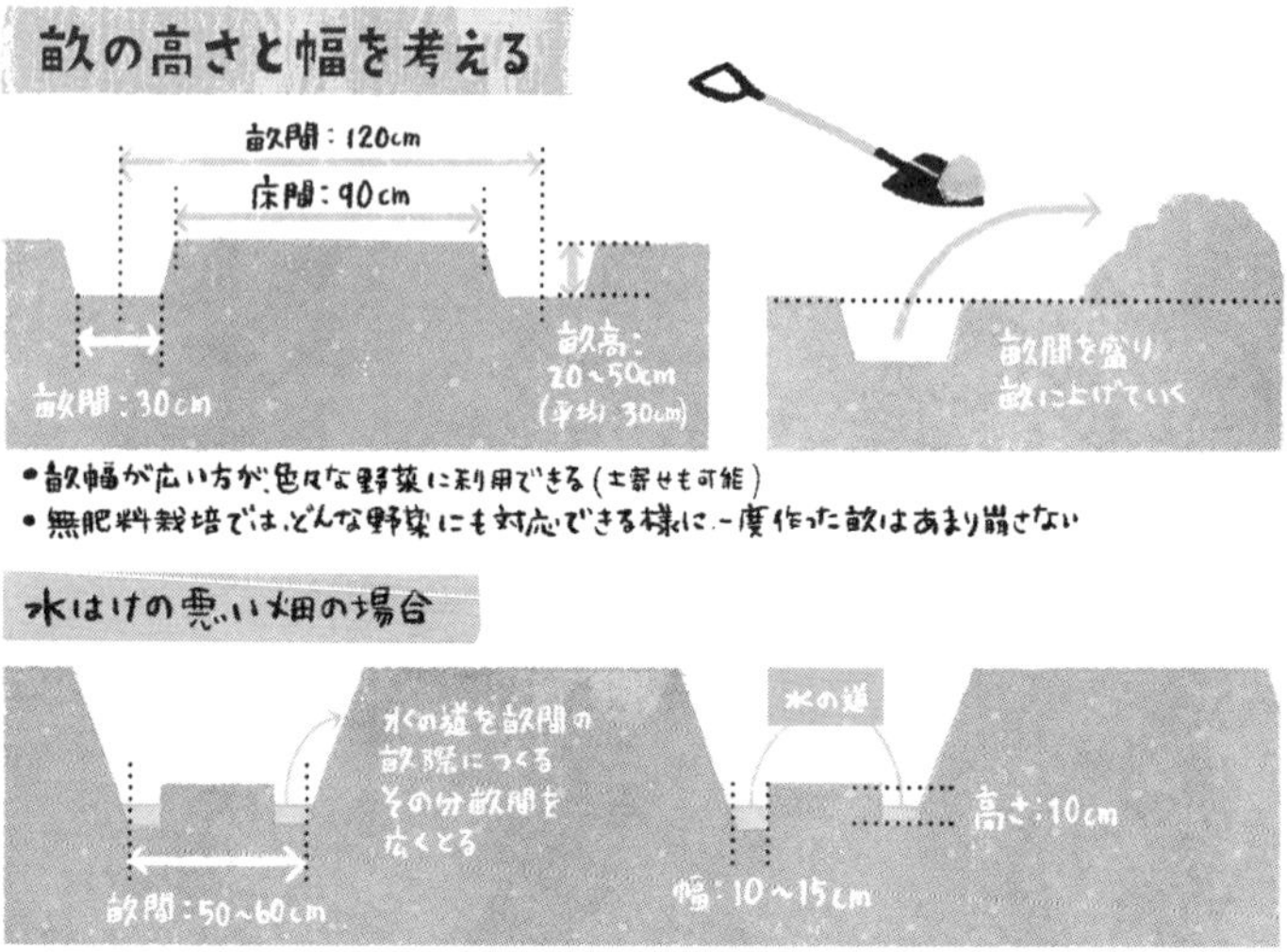

た畝は壊さずに使い続ける方が長続きします。

同じ畝で、小さい野菜と大き野菜の両方を作る場合、当然、大きい野菜のほうに合わせて畝を作っておくほうが良いと思います。

大きい野菜とは、支柱などを使うトマトとかキュウリで、小さい野菜とはほうれん草や玉ねぎ、ニンジンなどです。大きな野菜のためには畝の幅は90㎝くらい取っておいたほうが無難です。90㎝の床幅（畝の幅のこと）であれば、小さい野菜を作る場合は数列作ればいいだけの話です。

30㎝の床幅だと1列しか作れない野菜でも、90㎝あれば3列作れるので、90㎝をおすすめしています。

③　通路の幅を決める

通路は、人が歩いたり、しゃがんだりして作業する場所です。畑の面積の3割程度は通路に取られます。人が歩くには最低でも30㎝の幅が必要です。

また、しゃがんで作業する際の足場にもなりますので、30㎝はしっかり確保して作ります。幅は広ければ広いほど作業はしやすいですが、広くすることで野菜を植える場所が削られていくわけですから、あまり広くしても使いづらいので、30〜50㎝もあれば十分だと思います。

④ 畝の形を設計してみる

畝の形を決める前に、最初に考えるのは風の流れです。

野菜にとって風はとても強い味方です。風が吹くことで、花粉が飛び、受粉してくれる虫が遠くまで飛び、あるいは種を運んでくれるからです。

もちろん、それだけではありません。風が吹くと植物が揺れ、植物が揺れると生長ホルモンが分泌されるからです。植物生長ホルモンは植物が生育するために絶対に必要なホルモンです。風が吹くと植物は茎が折れないように、植物生長ホルモンを分泌させて生育を加速させます。そのためにも風が必要なのです。

しかし、その風があまり強いといけません。なぜなら、風が強すぎると、茎ばかりを太くしようとして、せっかく根から吸収した栄養を、茎の発達だけに使ってしまうからです。栄養はできれば実をつけたり、種をつけたりすることにも使って欲しいので、強すぎず弱すぎない風を作り出す必要があります。

そのため、強い風が吹いてくる方向に、風を遮るように畝をひとつ作っておきます。風はどこから吹くかわからないと思われるかもしれませんが、強い風については大概吹いてくる方角は大きく変わりません。

ただ、反対方向に吹くことはあります。北側から強い風が吹くようなら、南からも吹いてくる可能性があるので、北側と南側に畝を一列作っておき、その畝には背の高い作物を作るのがおすすめです。たとえば麦やトウモロコシといったものです。

風は一旦、背の高い麦に当たって弱まり、分散しながら畑の中を少し緩やかになって広がっていくはずです。こうして畑の中を緩やかな風が流れるように設計するのが良いと思います。

次に太陽を見ます。太陽は東から昇り、南を通って西に沈みます。太陽は曲線で動くので、畑で太陽光を効率よく受けようと思うと、畝を太陽の動きに合わせて、曲線で作るというのはとても良いアイデアです。

僕の畑では、サークルガーデンといって、円形になった畝を作ったりします。もちろん、半円でもいいし、弧を描いた畝の形でもいいでしょう。

さらに畝の途中を切って通路を作っておくのもおすすめです。通路がないと畝を跨ぐことになりますし、風も通りにくくなります。
畝の途中に通路があることで、風がその通路を抜けて分散していきますので、畑全体に緩やかな風が吹き抜けることになります。
これは水の流れをコントロールするのにも一役買います。
畝に降った雨は通路に滲み出てきて、通路に溜まります。この溜まった水は、畑の低い方に流れていきますが、このとき流れる方向がひとつしかないと、水の流れが畝の土を削いで流してしまうことがあります。

しかしその途中に通路があることで、水の流れも分散し、流れの勢いも分散されていくため、大雨でも崩れにくい畑になります。

鍬を振って実際に畝を作ってみる

畝を作るといっても設計図ができれば土を盛り上げるだけです。どこからか土を運んでくるわけでもなく、通路となる部分の土を掘って畝の部分に積み上げるだけです。

このときに役に立つのが平鍬と剣先スコップです。平鍬を振り下ろすのではなく、通路の部分で奥から手前に引くようにして鍬に土を乗せ、畝側に落とすだけです。

土が硬いところがあれば剣先スコップを使ったほうが楽に土を盛り上げることができます。

通路が狭くなりがちなので、きっちり幅30㎝は掘るようにしてください。通路が凸凹していると歩きにくく、作業しにくので、できるだけ平らに掘ります。剣先スコップだと深く掘りすぎることがあるので注意したほうがいいでしょう。

さて、せっかくここで土を掘るのですから、その畑が団粒化した良い土壌になっているかも確認しておくことをおすすめします。

豊かな土の見方は前章で説明した通りですが、このときに生物層がどのくらいあり、その下の粘土質の層が何㎝ぐらいで出てくるかを確認してみます。通常、生物層は野菜たちが根を張りやすい場所として、かつミネラルを吸収し、窒素も吸収する場所でもあるので、その深さがせめて30〜40㎝は欲しいところです。

もし粘土質の層が20㎝で出てくるようなら、畝の高さを20㎝ほど確保しなくてはならないとわかります。

畝が完成したら、大雨の日に水が畑の外に流れ出ていくかを確認します。出ていかない場合は、通路に高低差をつけて、できるだけ水が流れ出ていくように工夫します。

この作業は、最初の一度だけでいいと思います。もちろん、長く使っていると畝の土が崩れて、通路が埋まってきますので、時々はメンテナンスが必要です。

タダの肥料である草堆肥を作っておこう

前章で書いたように、草はミネラルの元です。

今のような化学肥料などというものがなかった頃、人々は草を利用して栽培してきました。牛の糞や馬の糞を使うこともあったでしょう。しかし当時の牛や馬は草が主食です。今でも多くの馬や牛は牧草を食べています。

大豆などの穀物を食べることもありますが、いずれにしろ植物を食べて生きており、その糞を畑や田んぼに撒いて土を肥やしていたはずです。

おひとり農業とはいえ、牛や馬を飼うことはなかなかできません。せいぜい鳥か山羊くらいでしょう。動物の糞はしっかりと発酵させてから使用すれば、確かに良い肥料にはなるのですが、動物を誰もが飼うのは現実的ではありませんし、かといってお金を出して有機肥料を買うというのも持続性がない農業になります。

しかし、牛や鶏や馬が食べているものは植物なので、動物の消化器系を経由せず、自分で工夫して植物を堆肥化して使用することは可能です。

まず、草を集めてきましょう。都会の人などは草すら集めるのが難しいという場合もあるかもしれませんが、畑に草を生やせばそれでいいだけです。畑に草を生やせば、むしろ土は豊かになるのですから、生やさない手はありません。

ただ、草そのものはアレロパシーという、他の植物の芽吹きや生長を阻害するものもあるので、なんでもかんでも生やせばいいかというとそういう意味ではありません。少なくとも、背の高い草や野菜から30㎝以内の草は抜いてしまってかまいません。

しかし、背がそれほど高くならない草や野菜から離れた場所、たとえば通路や畑の周り、あるいは畝の肩の部分などに生えている草を許容すればいいと思います。


生えてきた草を根を残して刈り取ったら、畑の隅に堆肥を作る場所を設け、そこに積み上げます。草が足りない場合は、落ち葉を足せばいいでしょう。街路樹や神社などに落ちている落ち葉を利用します。

秋になると落葉樹は葉を落とします。落葉広葉樹は地下のミネラルを吸い上げていますので、これも堆肥を作るには利用価値の高い有機物です。葉を落とす前にミネラルは枝のほうに移動してしまうのですが、すべてが移動するわけではないので、集めて分解させれば、植物の必須ミネラルを抽出することは可能です。

また、落ち葉には腐生微生物が棲んでいます。落ちた葉を分解させるために、自然界では腐生微生物を葉に付着させています。納豆菌などの枯草菌もそのひとつです。落ち葉で畑の草の不足分を補うわけです。

さらには、ここに米ぬかなどを混ぜ込んでいきます。米ぬかは稲の種にコーティングされたミネラルの塊です。特に草には少ないリン酸を多く持っています。リン酸がないと野菜栽培は難しいといわれるほどに大切なミネラルです。

植物は菌根菌の力を借りてリン酸を集めてきますが、しばらくはこの米ぬかが持っているリン酸の助けを借りていけばいいと思います。もし白米や分搗き米で食べるのであれば、米ぬかを堆肥に利用しない手はありません。

また米ぬかには米ぬか乳酸菌がいますので、多くの酵素を作り、有機物の分解を促進し、素早く堆肥化するのを手助けしてくれます。米ぬか乳酸菌が発酵を始めれば、温度も上がってきますし、糖も作られるので、微生物活性が良くなります。

微生物は加水分解で有機物を分解するものもいますので、水も必要です。

畑に水がないのであれば〝雨〟という自然の水があります。雨の中には空気中に存在する微量なミネラルも含まれます。そして土の中の土壌微生物の力を借りますので、土もかければいいでしょう。土の中の腐生微生物たちが有機物の分解に寄与してくれます。

ここまで準備したら、あとは待つだけです。ここまでで何ひとつお金の必要なものなどありません。おひとり農業をするうえで、お金をかけすぎても持続的ではないですし、野菜を買ったほうが安いとなってしまっては意味がありません。

自然界には植物を育てるための仕組みがあるのですから、それを十二分に利用すればいいだけの話なのです。

さて、2週間ほどすると、積み上げた草、枯葉、米ぬか、土は温度が上昇します。微生物が動き出した証拠です。特に乳酸菌が動いた可能性があります。このまま温度を上げていけばいいかというとそうではなく、あまり温度が上がりすぎると土壌微生物の動きが悪くなってきますし、空気層も減っていって好気性の菌も動けなくなるので、一旦全体をかき混ぜます。

雑草堆肥の作り方

材料 （体積比）

- 畑の土 （25％）
  分解微生物（腐生微生物）
- 米ぬか （10％）
  窒素・リン酸
- 枯葉・雑草 （65％）
  多くのカリウムとミネラル
- 水 （全体が湿る程度）
  分解促進（希釈した発酵液でも良い）

作り方

1. 枯葉を米ぬかを混ぜた後、水をかけて土で覆う
2. 温度を50～60℃まで上げる
   （土でカバーして温度を上げる）
3. 2週間後、温度が下がってきたら切り返し
   （この時、ぬかがあれば追加する）
4. もう一度土を被せる
5. ③～④の作業を5～6回（1ヶ月に2回程度）
6. 3～6ヶ月後に、カビ臭が消えれば使用可能

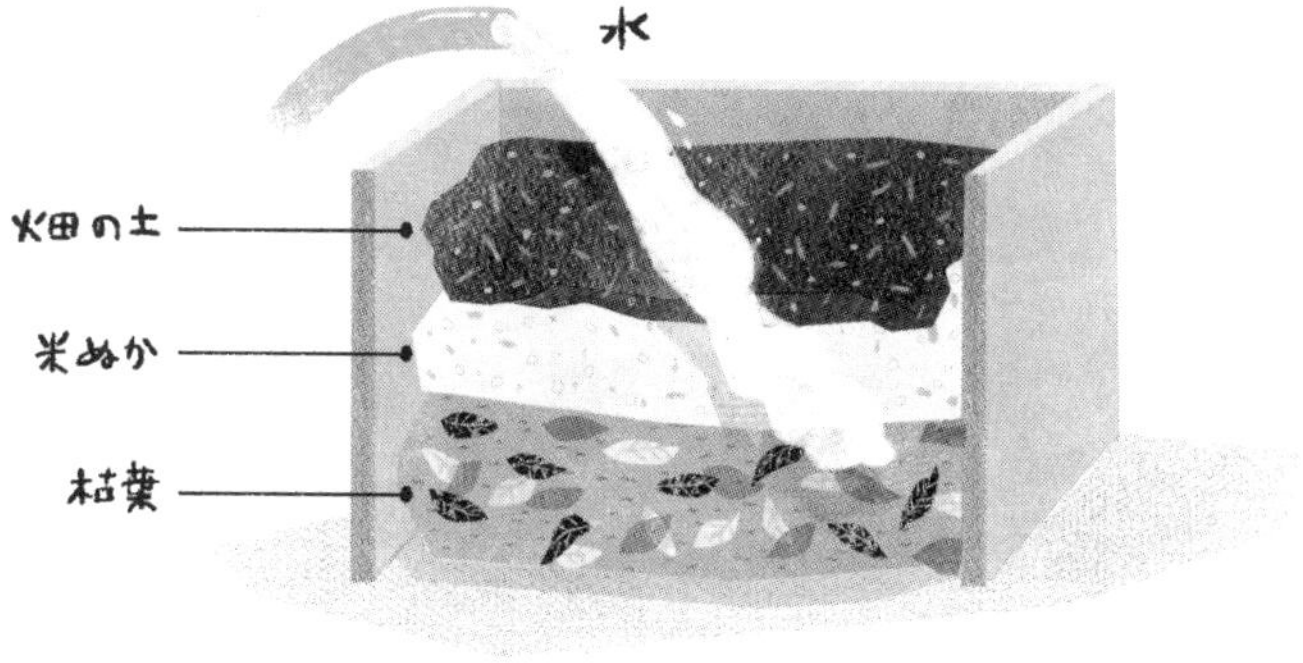

そうすることで空気が入り、温度が下がって土壌微生物たちが動くので、有機物をどんどん分解しミネラルを放出していきます。このミネラルは、一緒に混ぜた土に付着してどんどん腐植を作っていきます。これをただ待ち続ければいいのです。

最初はカビ臭い匂いがするかもしれません、これは糸状菌が動いている証拠です。この糸状菌の中には寄生系の微生物が混ざっている可能性があり、この状態でこの草堆肥を畑に使うと、野菜を病気にしてしまう可能性がありますので、もう少し待ちます。だいたい半年くらいでしょうか。この期間は土の中の微生物の状態で変わるので、いつまでという明確な指標はありません。

その後、この糸状菌の細胞壁を餌とする放線菌が生まれてくると、カビ臭い匂いがどんどん消え、山の土のような僅かに酸味を感じさせる匂いに変わります。放線菌は畑のドクターともいわれるように土を健康する菌ですので、放線菌が増えてきたタイミングで草堆肥は完成します。一度、落葉広葉樹の多い山に行き、土の匂いを嗅いでみてください。その匂いが目安です。

「苗を作って植える野菜」と「種を直接蒔く野菜」がある

ところで、苗を作るのか、それとも畑に直接種を蒔くのかがわからないという方もいるかもしれません。ホームセンターに行けば、苗が販売されていたりします。初心者であれば、その苗を買ってきて植えてしまうこともあるかと思いますが、まずは、どの野菜は苗を作るのか、どの野菜は苗を作らなくていいのかを簡単に説明しておきます。

ホームセンターに行って売っている苗を見れば一目瞭然なのですが、一応簡単な表をお見せします。苗作りが必要な野菜は、主にナス科です。ナス科というとトマト、ナス、ピーマンなどです。それからウリ科です。ウリ科はキュウリ、カボチャ、ズッキーニなどです。これらは苗作りが必要な野菜と認識してください。

この表では、苗を作るのはトマト、ナス、ピーマン、キュウリ、カボチャ、ズッキーニ、キャベツ、ブロッコリー、白菜などになっています。これらは日本の気候に合わない野菜と言われていて、たとえばトマト、ナス、ピーマン、キュウリ、カボチャ、ズッキーニは、夏のような25℃以上の気温が4～5か月続く必要があります。

　これらの野菜の原産地の気候が夏の長い地域で、その長い夏を利用して育っていきます。しかし日本の夏は長くても3か月です。つまり夏が2か月ほど足りないことになります。

　そこで、擬似的に夏を作り出して栽培する必要が出てきます。

　たとえばトマトを夏の8月に食べたいと思うのなら、3月くらいには種を蒔かなくてはなりません。しかし3月はまだ春が訪れたばかりなので、たとえば温室などで夏を作り出し、その中で2か月間、つまり3月と4月を過ごさせる必要

苗を作る必要がある野菜

春夏野菜

・トマト、ナス、ピーマン、唐辛子などのナス科
・キュウリ、ズッキーニ、カボチャ、スイカなどのウリ科
・キャベツ、ブロッコリーなどのアブラナ科

秋冬野菜

・キャベツ、ブロッコリー、白菜などのアブラナ科

苗を作らず直播きにする野菜

・オクラなどの直根野菜
・トウモロコシ、小麦などのイネ科
・大豆、小豆、そら豆、えんどう豆などのマメ科
・その他、アブラナ科の葉野菜やほうれん草など

があります。

5月になれば気温も高くなるので畑に移植してあげればいいのですが、それまでは場所の問題もありますので、小さな育苗ポットに種を蒔き、育苗ハウスなどで保温しながら育てることになります。これが苗作りです。

苗ってどうやって作るの？

さて、苗はホームセンターでも売っていますが、おひとり農業においては持続的な農をおすすめしているので、苗は自分で作ることが基本です。

しかし苗作りは案外難しく、失敗することも考慮しておく必要があります。苗半作と言って、苗作りが栽培の半分の仕事といわれるほどです。

ですので、これから始めようとする方は、当面は苗を買ってきたほうが無難かもしれませんが、苗を作る方法も覚えておいてください。

手順自体は簡単です。

まず育苗ポットを用意し、そこに入れる土を用意します。土は畑の土そのままでも構いませんが、その土の状態が悪い場合は、多少の改善が必要になります。

たとえば水捌けが悪い土ということも考えられますし、ミネラル不足も考えられます。土が土壌化し、団粒化した土になるまでは、苗土は改善してから使います。

詳しくは図にしましたので、それを見てください。赤玉土やもみ殻、くん炭、バーミキュライト、ピートモスなどを混ぜて土の状態を変えていきます。腐葉土を混ぜてもいいでしょう。

苗の作り方

❶ 苗土を作る

- 畑の土 または 雑草堆肥 （体積：50％）
（畑の土を使う場合、完熟腐葉土を10％混ぜる）
- 赤玉土（鹿沼土） （体積：20％）
- バーミキュライト （体積：5％）
- ピートモス （体積：20％）
- もみ殻くん炭 （体積：5％）

❷ セルトレイに苗土を入れる

❸ 土を濡らして水を切る

❹ 種を2～3粒蒔く

❺ 濡れた新聞紙をかける

❻ ビニール温室で保温
（またはビニールトンネル）

❼ 芽が出たらすぐに新聞紙を取る

❽ 土が乾かないように水やり

❾ 本葉1枚で1本に間引き

❿ 本葉2枚で10.5cmポットに鉢上げ

苗作りのポイント

種は2～3粒蒔き

本葉が出たら間引きする

セルトレイを使わず
7cmポットを使用
しても良い

種は浅く蒔く

種の大きさの3倍
程度の深さに蒔く

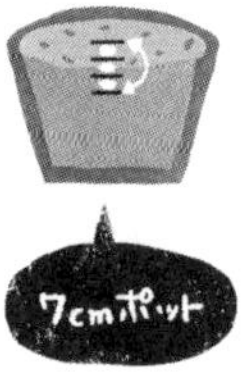

種蒔きした日を記録

定植までの期間の
目安にする

土が用意できたら、そこに種を2～3粒蒔いて、毎日水やりをしながら日の当たる暖かいところで育てます。前出のような小さな育苗ハウスを使ってもいいですし、サンルームや出窓があるところで育てるのもいいでしょう。

難しい点は水やりを忘れないこと、必ず太陽光がしっかり当たるところで栽培することです。水やりは土が乾いたら行います。水のやりすぎも苗が弱くなったりカビや苔が生えたりする原因となります。また太陽光はできるだけ真上からも当たることです。

太陽自体は真上になくてもいいのですが、真上が壁になっていたりすると苗が傾いてしまい、ひょろひょろになることがありますので、出窓でも上がガラスになっている必要があります。

苗はだいたい45～60日くらいで高さ10～20㎝ほどに育つので、育ったら畑に植え替えます。

苗はどうやって植えたらいい?

苗が育ったら、それを植える前に畝に草堆肥を混ぜます。草堆肥がなくてはできないということではありませんが、草堆肥があったほうがうまく育ちます。そのとき深く混ぜ込みすぎないように気をつけます。

そもそも苗の根はまだ小さい状態です。植えても根はまだ10㎝程度しか下に伸びていません。もちろん根自体は長くなっているのかもしれませんが、育苗ポットの中で折れ曲がっているので、根が深くなることはないわけです。

この状態の苗を植えるので、浅く混ぜておいたほうが効果は高くなります。根が伸びていくと同時に草堆肥が持つミネラルも少しずつ土の深いところに染み込んでいくわけですから、浅いほうが効率がいいわけです。

それに、土を深く混ぜてしまうと表面近くの微生物群が深いところに移動してしまうので、そういう意味でも深く混ぜないほうがいいのです。

苗の植え付け

活着させるために大事なこと

- 水は下から吸わせる
- 水に酢を混ぜる（500～1000倍）
- 畝は濡らさない
- 肥料分の多い土は少し落とす

- 根が回っている場合はほぐす

- 根と畝の土の間は隙間を空けず固定する

- 定植後に根元だけに水を差す

- 割りばしの三点止め

- ナスの苗の行灯《あんどん》

鍬を大きく振り下ろして土を一生懸命耕している風景を見ることもあるとは思いますが、持続的な農をしていこうと思うと、深く耕すのは土壌動物や植物の根に任せておいたほうがいいわけです。

苗を植えるときは、畝の上を移植ゴテで掘って、苗を植えて土を被せるだけですが、ここでもポイントはあります。

育苗ポットの中で根がぐるぐると回ってしまっていることがよくあるのですが、根というのは本来横に動くのではなく、下へと伸びていくものです。人が不自然な環境で苗を育てているわけですから、根も不自然な形をしています。この根を自然な形に戻すために少しだけほぐしてあげるのですが、あまり触りすぎるのもよくありません。

本来、根は土の中で動かないものですから、人の手で無理やり動かすことで根も嫌がります。また土もできるだけ落としたくはないので、育苗ポットの下のほうの根だけを少しほぐす程度です。

ほぐれたら移植ゴテで穴を掘って植えますが、ポイントとしては水やりは植える前ではなく植えた後にするという点です。

先に穴に水を注ぐという説明をされる方もいますが、無肥料で栽培する場合、植えた後に水やりをするほうが、根と水が馴染みやすくなります。植えた後に水を根元に注ぐと、水は横や下に染み込んでいきますので、その広がりが根をほぐしていきます。

植えたら、苗の根元をよく押さえてください。軽く土をかけるだけだと、根と土の間に隙間ができている可能性があり、土の中の大きすぎる隙間は根張りを悪くする原因となります。

そして根元にお米の籾殻を撒いておいてください。籾殻がなければ枯れた草でも構いません。とにかく根元の土が裸状態になっていることは環境的に好ましくありません。自然界では草や木々の根元には必ず草が生えています。この草で土を紫外線や乾燥から防いでいるのです。

苗を植える間隔はとても大事

もうひとつ大事なことを書いておきます。植物は会話をするという話です。

おひとり農業では、野菜の管理が行き届かないときがあるかもしれません。他の仕事や用事で畑に行けない日が続くこともあるでしょう。そうすると虫食いや病気などが蔓延しても気が付かないことがあります。

しかし植物はお互いに協力し合って病気や虫を追い払うという知恵を持っています。この知恵を最大限に利用するのもひとつの手段です。

第2章でドイツの森林管理官であるペーター・ヴォールレーベンの話を書きましたが、植物は根に寄生する菌根菌の力を借りて化学的な信号をやりとりしています。

すべての植物で確認できたわけではありませんが、ひとつの植物で行われていることが事実なら多くの植物でも行われていると考えても不自然ではありません。

事実、僕が畑で管理作業をしていると、「話し合っているのでは?」と思われるような現象が時々起きます。

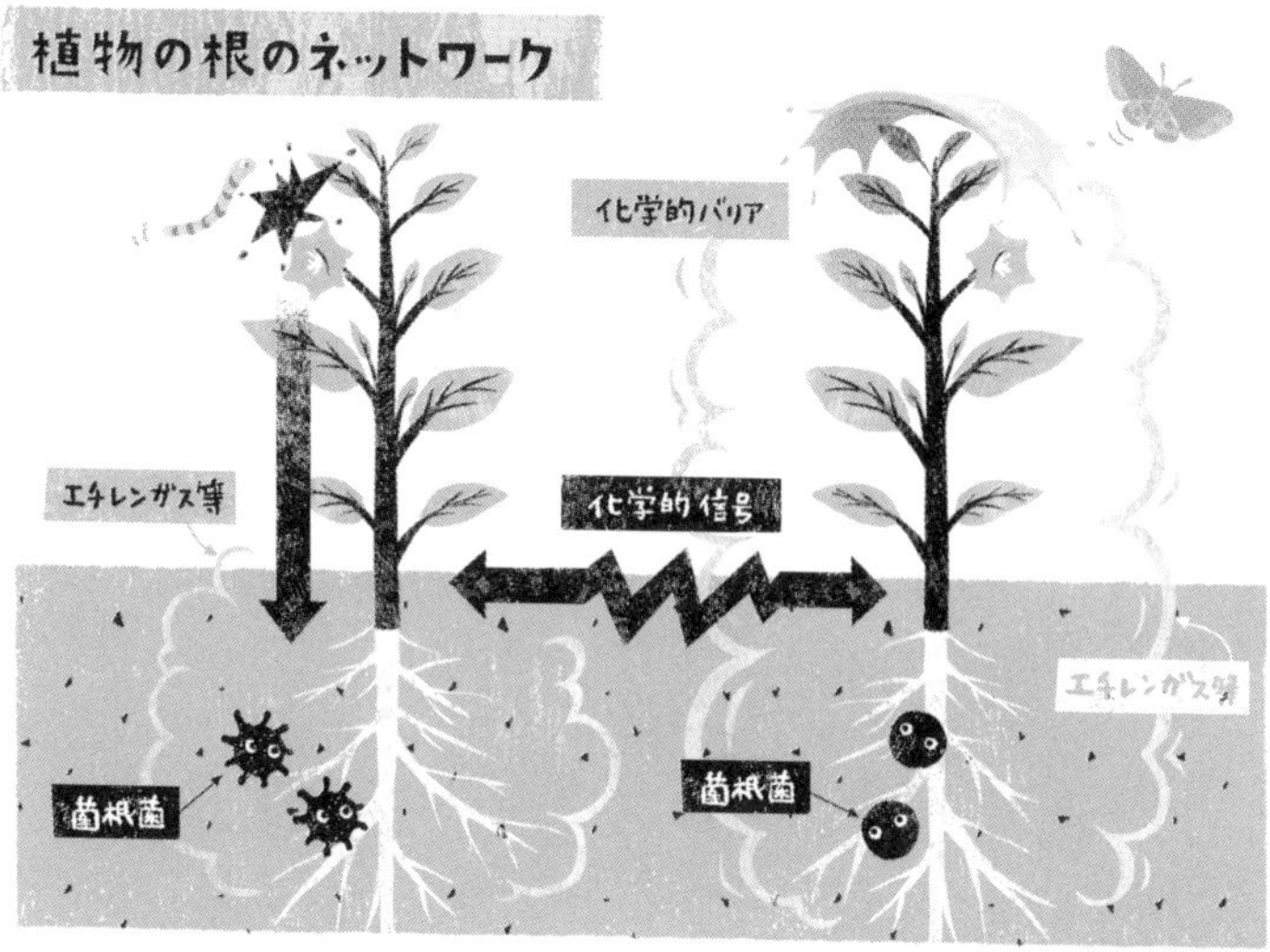

たとえば、キャベツが虫食いにあうと、なぜか隣のキャベツは元気に育っていたりします。しかしその隣はまた虫食い。さらに隣は虫がいないという現象です。これをどう解釈すればいいかと考えていたときに知ったのが、ペーター・ヴォールレーベンの植物が会話をするという話です。

もしひとつのキャベツが虫食いにあい、そのことを隣のキャベツに教えていると仮定するなら、教えられたキャベツは虫が嫌がる毒を作って最初から防御しているのかもしれません。であれば、仮に管理が行き届かなくても半分は生き残れるのではないか。あるいはそのほうが野菜が強くなるのではないかと思うわけです。

この植物同士が話し合える距離がいったいどのくらいなのかと考え、実験をしてみたのですが、ほとんどの野菜で30～50㎝ではないかという結果になりました。つまり30㎝よりも近いと根がぶつかり合って生育が阻害され、50㎝を超えた距離になると、隣が虫食いにならないという現象が起きにくくなる。

であれば、野菜の大きさに合わせて30～50㎝くらいの間隔で植えたらいいのではないかということです。

実際に野菜を植える場合は、野菜同士が近すぎず、遠すぎない距離を考えて、小さな野菜であれば30㎝、大きめの野菜であれば50㎝間隔で植えていくと良いと思います。管理が多少行き届かなくても、この間隔であれば、案外、虫や病気が蔓延しなかったりします。

今度は種を蒔いてみよう

さて、苗を植えるのではなく、種を畑に直接蒔く野菜に関して書いておきます。

種を蒔くためには、まず畝の上の草を、ある程度は除去しておきます。もちろん草も土作りには必要なのですが、野菜の芽が出たばかりのときは小さいので、近くに強い雑草がいると負けてしまって、根を張る場所を奪われたり、ミネラルや水を奪われたりしてしまうので育ちにくくなります。

草をある程度を取り除いたら種を蒔きます。蒔き方は何種類かあります。

ひとつは**バラ蒔き**といって、種を上のほうから、塩を振るように蒔く方法です。蒔いたら上に少しの土を被せて、手でしっかり押さえてから、ジョーロで水撒きをします。種をバラ蒔きに

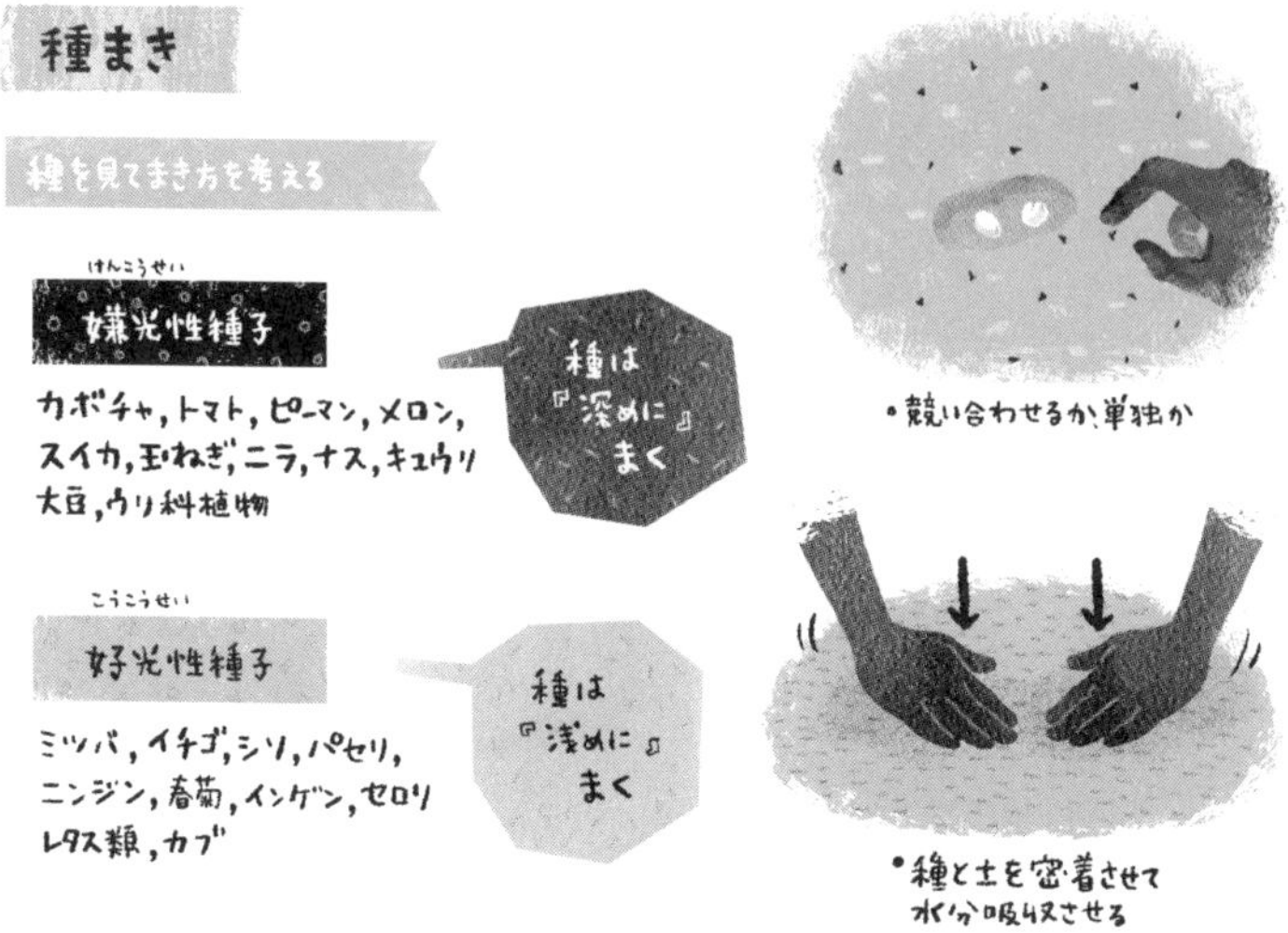
種まき
種を見てまき方を考える
嫌光性《けんこうせい》種子
カボチャ，トマト，ピーマン，メロン，スイカ，玉ねぎ，ニラ，ナス，キュウリ 大豆，ウリ科植物
種は『深めに』まく
好光性《こうこうせい》種子
ミツバ，イチゴ，シソ，パセリ，ニンジン，春菊，インゲン，セロリ レタス類，カブ
種は『浅めに』まく
・競い合わせるか、単独か
・種と土を密着させて水分吸収させる

する野菜とは、自然の状態でも種を弾けさせてバラ蒔くような生態の野菜です。たとえばアブラナ科などの野菜はたくさんの種をつけ、成熟したら弾けるようにして種をバラ蒔きます。その自然のスタイルを真似て、人間もバラバラと種を蒔くわけです。

もうひとつは、**スジ蒔き**という方法です。これは一直線に浅めに穴を掘り、そこに少し多めの種をスジ状に蒔いていく方法で、種をたくさん着ける野菜などは、この蒔き方をします。たとえばニンジンやほうれん草などです。

ただし、蒔いた後に芽が出てきたら、間引きといって、人間が恣意的に間隔を空けていく必要があります。この間引きをしないと野菜と野菜の間隔が近すぎて、根張りの場所を奪い合ったり、ミネラルを奪い合ったりするので、適切に間引きしていく必要があるのです。

さらにもうひとつ、**点蒔き**という方法があります。大根やカブのような大きな野菜は、間隔をある程度空けて栽培する必要があります。

これもスジ蒔きをして間引きしていってもいいのですが、大根やカブはもともと発芽率の良い野菜なので、最初から間隔を空けて種を蒔いていってもいいわけです。このほうが管理は楽になりますが、ただ発芽する率が悪ければ、歯抜けの感じになってしまいますので、芽吹かなかったところだけ、もう一度種を蒔く必要があるでしょう。

これが野菜作りの基本の〝き〟ですが、この後、野菜を育てるためにはある程度の管理をしていかなくてはなりません。それに関しては、次章の**「暮らしに合った「種蒔き」カレンダーを作ろう」**で紹介していきます。

第5章

暮らしに合った「種蒔き」カレンダーを作ろう

何を食べたいか考えてみる

おひとり農業というのは、決して1人で頑張るという話ではなく、自分のために野菜や穀物を作ろうという話で、仙人のような暮らしをするということではないという説明をしました。

これはとても大事なことで、仲間を作り、コミュニティを構築し、お互いに融通し合いながら、生きるために必要な食べものを確保しようという動きです。

ただ、作業は1人でやることが多いでしょう。

家族がいる場合もあるでしょうが、シェア畑であっても、作業は1人、または家族だけで行うのが基本です。そうなると作れる野菜というのも限定されてきます。僕の経験では、**自給のための農業であれば、せいぜい20～30の品目の栽培をする程度で手一杯**になります。

そこで、実際に栽培していくうえで、どんな作物を作るかをじっくり考えていかなくてはなりません。その場合、一番良いのは自分の畑の環境や土壌に向いている野菜を作ることです。

僕の畑がある場所はとても雨の多いところで、常に土が濡れています。土が濡れていても水捌けは良いのですが、やはりトマトのような乾燥が好きな作物やジャガイモのように土が濡れていると腐敗するような作物はなかなか難しいのが現実です。

逆に水の好きなサトイモやナスがよく育ちますので、そうした作物を中心に栽培していたりします。とはいえ、食べたい野菜が作れないのではつまらないので、どんな作物を作るかを考えるときに、まずは何を食べたいかを考え、そしてその野菜はどんな環境を好んでいるかに注目して畑作りをしていくことが必要になります。

そこで畑の条件によって作る野菜をどう選ぶかについて説明しましょう。特に条件の悪い畑の場合を例に取ります。

①　土が肥えていて条件の良い畑

そういう畑があるかどうかは別にして、肥えていればなんでも作れるということになりますが、特に、他の人が失敗しがちな、スイートコーン、ナス、スイカ、メロン、セロリ、ニンジン、玉ねぎ、ニンニク、白菜、キャベツ、ほうれん草、イチゴなど、難しいなどといわれる野菜を作り、作れなかった人と物々交換するのは良い手段です。

② 乾燥しやすい畑

土が乾きやすいのであれば、乾燥地帯の野菜でもあるトマトが作りやすいでしょう。トマトは難しい野菜なので、水捌けの良さを利用するのがベストです。その他、ゴボウやサツマイモなどが適しています。また、大豆なども乾燥に強いのですが、ただし雨があまり降らないと厳しい面もあります。

③ 水捌けが悪い畑

常に湿っているような畑だと、多くの野菜は根腐れを起こしてしまいますし、窒素吸収も悪く育ちにくくなります。湿った土が好きな野菜としては、サトイモやショウガです。ナスも湿った土が好きですが、ただしナスは痩せた土ではなかなか育ちません。僕の畑などは肥えてはいるのですが、雨が多いので、サトイモやナスはよく育ちます。

④　土が痩せている畑

土が痩せていて、何も育ちそうにない畑だと、サツマイモや大豆が適しています。ジャガイモやオクラなども育ちますが、そもそも痩せているので、たくさん収穫することは諦めざるをえません。

⑤　日当たりが悪い畑

日当たりが悪くても育つのは、湿った土が好きなサトイモやショウガ、ミョウガなどです。その他、葉野菜なども育ちます。たとえばミツバ、ニラ、シソ、レタス、パセリなどです。これらは日が当たりすぎる畑だと、むしろ野菜が硬くなったり、トウダチ（花が咲くこと）しやすくなったりと、失敗の原因にもなります。

このように、条件が悪くても栽培する作物を慎重に検討すれば、土作りができる前でも栽培することは可能です。当面は作れるものを優先し、その間に土作りをしていくという考えが、おひとり農業の基本です。

種蒔きカレンダーを作ってみる

第1章に縄文時代の話を書きました。縄文時代の生き方、暮らし方には多くヒントが隠されています。1万年以上も続くこの縄文時代に、なぜ人々は大きく争うこともなく、食べものが豊富でいられたのか。その理由を調べるのはとても有意義なことです。もちろん僕もいろいろと調べてみました。

縄文時代に栽培されていた食べものは案外多かったようです。

まずはサトイモ。芋類は縄文時代の人たちの主食だったようです。他にもナガイモやコンニャクイモなどが栽培されています。そしてヒエ、アワ、キビなどの雑穀がたくさんありました。

もちろんお米も栽培されており、赤米や黒米などの今でいう古代米を作っていたようです。それ以外にはエゴマ、リョクトウ、ヒョウタン、菜の花、クリ、トチ、クルミも、自生だけでなく栽培もして収穫していたようです。栽培ではありませんが、どんぐり、クズ、サルナシ、マタタビも食料のひとつでしょう。

これだけの食べものを栽培していて、かつ過不足なく部落住民の全員に配るためには、栽培計画をきちんと立てて行っていたはずです。

今のように真冬になってもスーパーマーケットに食べものが溢れている時代ではないのですから、種を蒔く時期、世話をする時期、収穫する時期をしっかりと決めていました。この栽培計画を立てておかないと、十分な食料は手に入りません。管理しきれなかったり、収穫時期を逃したりするわけにはいかないのです。


たとえば、サトイモやナガイモの収穫は秋です。秋に収穫する芋は保存が利きます。穀物も秋収穫ですので同じタイミングになりますし、木の実も秋収穫です。そのため、きっちりとしたスケジュール管理が必要です。

もちろん春に収穫するものも必要ですし、夏に収穫するものも必要になってきます。春は山菜の収穫です。山菜は種類が多いので、収穫スケジュールを立てるのは難しかったとは思いますが、知識や知恵はそれを補っていました。

夏は果実の収穫です。これらも一気に収穫時期がきますので、完全自給自足だった縄文人にとって、年間スケジュールがいかに大事だったかということが想像できます。つまり、栽培を成功させるための重要なポイントは、**栽培計画**なのです。いつの時期に何の種を蒔き、いつ収穫し、いつ加工するかです。

そこでここからは、暮らしに合った種蒔きのスケジュールについて書いていくことにします。

上弦の月から満月に向かっているときに種を蒔く

種蒔きカレンダーを作るうえで、ひとつ大事にしてほしいのが月の満ち欠けです。日本のカレンダーは本来**太陰太陽暦**という、いわゆる旧暦を使っていました。地球に強く影響を与えるのは太陽ですが、月も多くの影響を与えています。月があるから地球は安定したスピードで自転しているし、地球と月の引力があるからこそ、様々な自然現象が起きています。

満月と新月では何が違うかというと、満月のときは地球を中心に太陽と月が引っ張り合っています。この状態であると、地球に対する引力は太陽と月で釣り合うと言われています。

野菜の種を蒔くと、根が出てすぐに芽が出てきます。つまり地球の表面を基準に考えると、下へ引っ張る力と上に引っ張る力が拮抗しているほうが、野菜が育ちやすくなるのではと思われるわけです。

新月のときは、太陽と月の引力は地球に対して同じ方向になりますので、引っ張る力の拮抗が取れません。こうしたことから**種を蒔くなら満月、苗を植えるなら新月**にといわれるようになりました。

特に新月のときは、水分は根に集まるといわれています。この状態で苗を畑に下ろした方が根張りが良くなるといわれているのです。

それらを科学的に証明した資料はありませんが、昔から農業をやっていた人は知っていました。だからこそ農業に勤しんできた人たちは、月の満ち欠けで作る旧暦のカレンダーを使っていたのです。

月の満ち欠けと種まきの関係

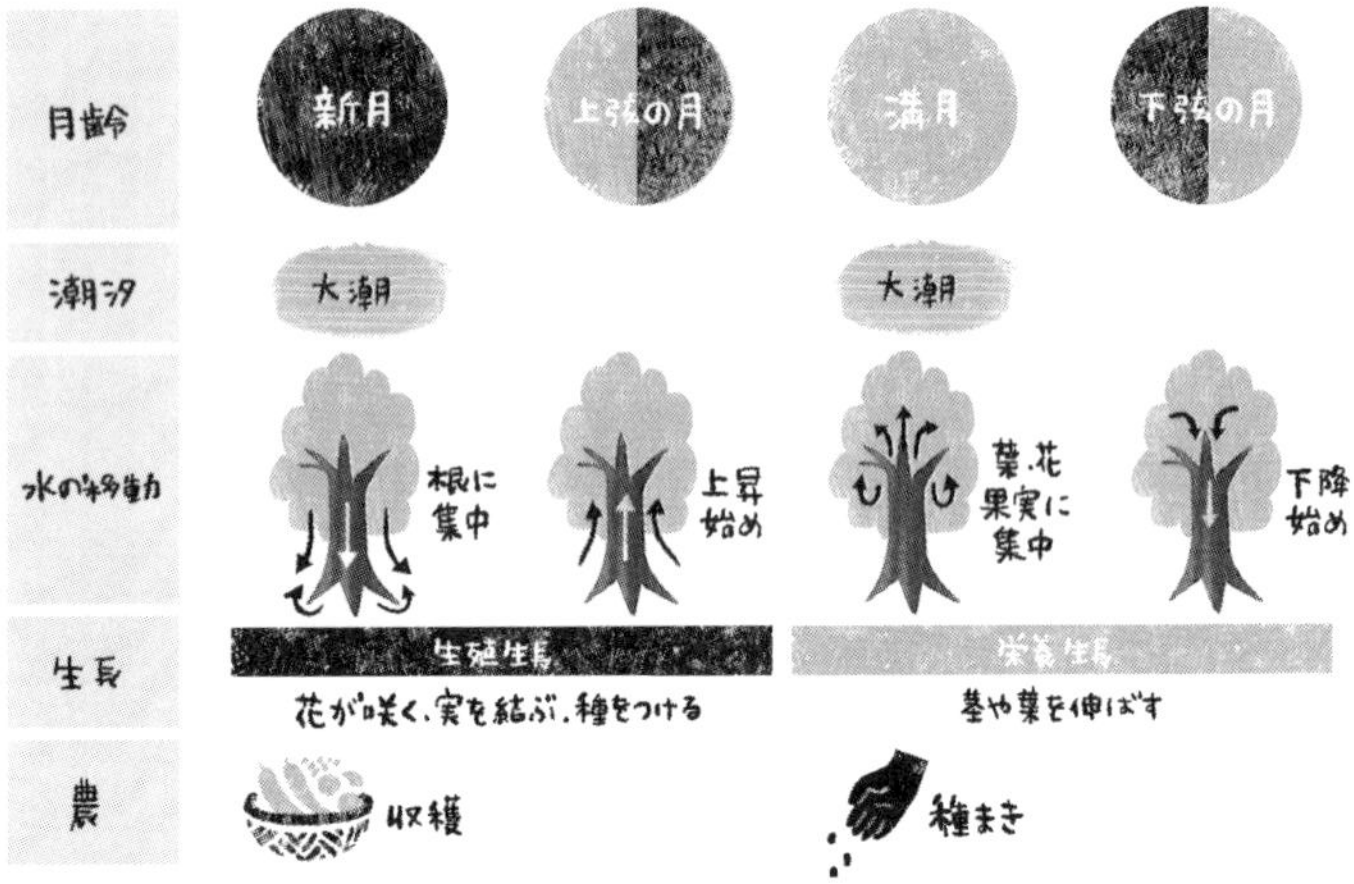

二十四節気も元は旧暦によるものです。日本人は昔から月の満ち欠けでスケジュールを決めていました。ですので、種蒔きカレンダーを作るなら、旧暦を意識したものにしたいし、月の満ち欠けのタイミングを見ながら作業していきたいと思うのです。

まとめると、種を蒔くなら上弦の月から満月に向かっているとき、苗を畑に下ろすなら下弦の月から新月に向かっているときとなります。もちろん、タイミングを逃したからといって、来月にしようとしてしまうと遅すぎてしまうことも多々ありますから、満月を逃しても、できるだけ早く種を蒔きましょう。

芽吹きの春になに作る？

種蒔きカレンダーで一番賑やかになるのが春です。冬の間に栽培できる野菜はとても少なく、多くは春から秋にかけて栽培しますので、春は大忙しになります。春に種を蒔く野菜の多くは、春には食べられず、初夏から夏の収穫になりますので、縄文の人たちが春は山に自生していた山菜を食べていた理由もよくわかるというものです。

ところで春といっても、実際には春が訪れる前からの種蒔きになります。前章で説明した通り、初夏や夏に食べる野菜のうち、特に果菜類は暖かい時期が4か月～半年は必要なため、新暦でいうと、早いもので2月、多くは3月、遅めでも4月頃に種蒔きをします。葉野菜などは種蒔きから2～3か月で食べられるものも多くあり、5月でも間に合います。では具体的に説明していきましょう。

種まきカレンダー(例)

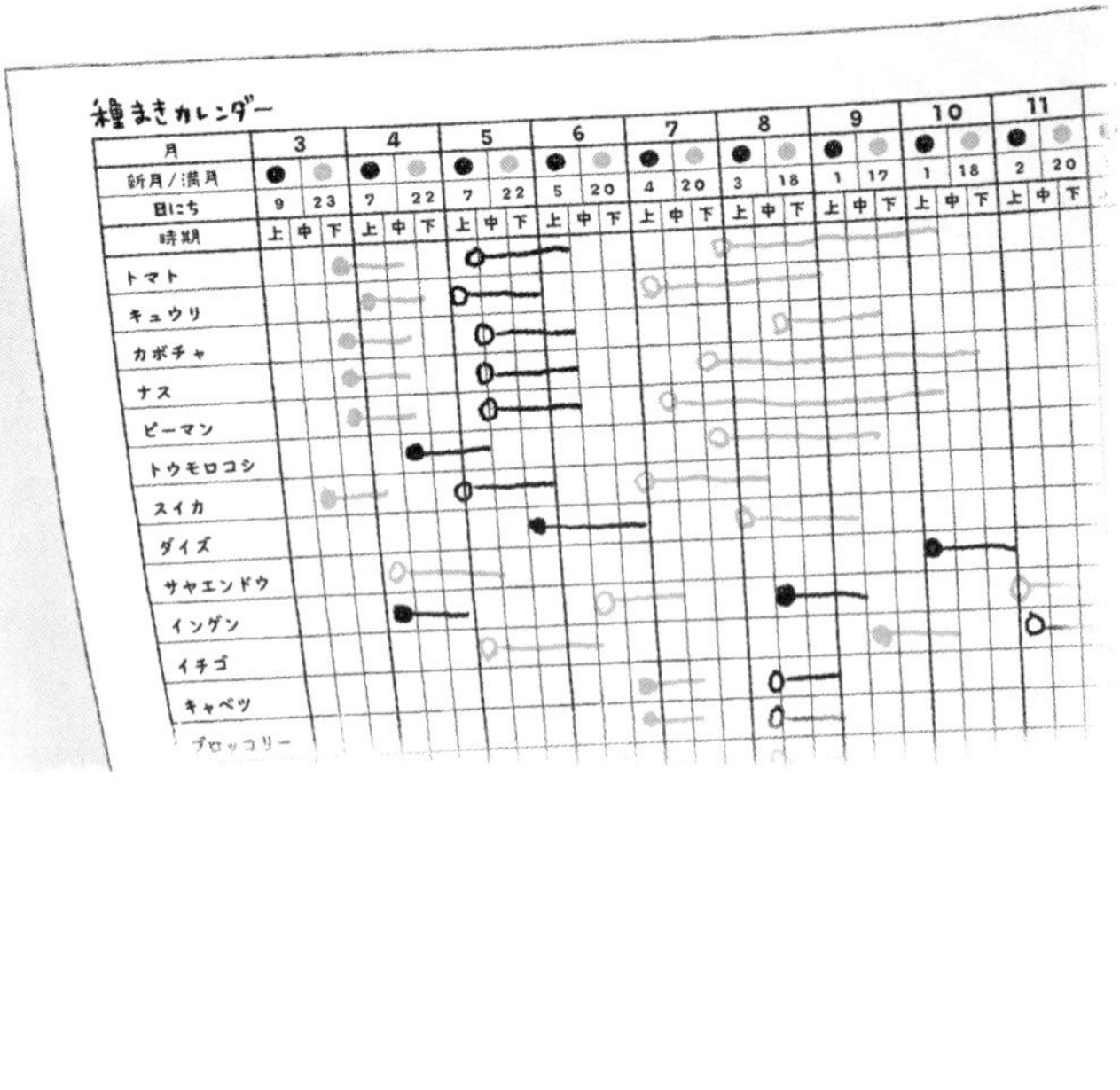
種まきカレンダー
月
3
4
5
6
7
8
9
10
11
新月/満月
日にち
9 23
7 22
7 22
5 20
4 20
3 18
1 17
1 18
2 20
時期
上 中 下
トマト
キュウリ
カボチャ
ナス
ピーマン
トウモロコシ
スイカ
ダイズ
サヤエンドウ
インゲン
イチゴ
キャベツ
ブロッコリー

●2月に種蒔きしたい野菜 旧暦の如月《きさらぎ》

2月は旧暦の新年です。地域によってはまだ雪があるところもありますが、この新年と共に農作業が始まると言っても過言ではありません。ナス科（トマト、ナス、ピーマンなど）の果菜類はこのタイミングで栽培をスタートします。

特に無肥料で栽培する場合は、肥料を使用する栽培よりも長い期間を必要としますので、早めのスタートがおすすめです。ただ、まだ畑に直接種を蒔くわけではなく、最初の2か月間くらいは温室のような保温できる場所で、育苗ポットで栽培する必要があります。

①　トマト

トマトを食べたくなるのは平均気温が25℃を上回る7月～8月です。7月後半からトマト収穫しようと思うと、2月中旬または後半の種蒔きになります。

トマトの生産地ではビニールハウスの中で一年中栽培していますが、それでも2月に種を蒔くトマトは、多く人がトマトを食べたいと思う7月～8月にかけて出荷が始まります。

トマトが生育するのには実は20℃以上の気温が半年続く必要があり、そう考えると日本の気候には合っていない野菜ということがわかります。そのため、まずは気温を高く維持できる温室で育苗することになります。

もちろん栽培に慣れるまではホームセンターなどで苗を買ってきてもいいとは思いますが、2月ではまだトマトの苗は売っていませんので、4月頃に購入することになります。つまり2月に種蒔きをすると、60日後くらいの4月くらいに苗が完成するということにもなります。

苗作りは前章で説明した通り、育苗ポットに苗土を入れて種を蒔きます。

苗を作るときは、種を蒔く前に水を注ぎます。そうすることで種が土深く沈み込むのを防ぎます。

多くの種は深く植えすぎると、芽を出すまでに種に含まれるミネラルを使い切ってしまうことがあるので、ナス科ではせいぜい1㎝程度までに留めておきます。

水を染み込ませたらポットの中心に1㎝の穴を開けて、種を2粒蒔きます。2粒なのは簡単に言えばバックアップです。1粒だと芽吹かないときに慌てて種を蒔いても遅すぎるかもしれません。

2粒蒔く理由は、もうひとつあります。それは競争意識です。

種は自然界では1粒だけ蒔かれるということは少なく、ほとんどの場合、大量に蒔かれるものです。これらの種には競争意識があり、複数の種が蒔かれると、先に芽を出そうとして芽吹きが早くなるといわれています。

種を蒔いたら温室に置きます。室内の温度が20℃程度あるほうがよく育ちます。夜はどうしても10度を下回ると思いますが、できるだけ20℃を維持できると苗はスクスクと育っていきます。

その際、気をつけることとしては水やりです。土が乾いたなと思ったら水やりをしてください。そもそも乾燥の好きなトマトを栽培するのに多すぎる水をあげると、根腐れが起きて、失敗の原因になります。

芽が2つ出てきたら、このまま2本とも育てると共倒れしてしまいますので、どちらか一方を抜きます。育苗ポットは小さいので土も少なく、2本育てるには地力が足りません。その際、双葉から本葉が出てきたら間引きするのが、正しいタイミングです。

双葉と本葉は形が全然違うのですぐにわかります。最初に出てくる2枚の葉が双葉です。その後に出てくるギザギザした葉が本葉です。

本葉が出たら、さらに温室で育てて、だいたい種蒔きから60日経過したら畑に植え替えます。つまり4月頃ということになります。もちろん北日本で気温の低い地域では1か月ぐらい遅めにスタートする必要があります。

畑に植えたら、あとは支柱を立て、「蔓ものネット」を張って、そこに縛っておきます。トマトは地を這う野菜なので、縛っておかないと地面を這い回ります。

元々の性質なのでそれはそれでよいのですが、雨の多い日本でトマトを地面に這わせて栽培すると、雨に弱いトマトは病気で枯れてしまいます。そのため、ネットに縛って立てて栽培したほうが無難です。

ただし、蔓性の野菜と違って、自分でネットを掴んだりはしませんので、倒れないように時々縛ってあげる必要があります。

トマトは脇芽が出る野菜です。茎と葉の間から脇芽が出ます。脇芽とは最初に植えた苗の子どものようなもので、どんどん枝分かれしていきます。枝分かれした脇芽からさらに脇芽が出て、放っておくと幾重にも枝が出ていきます。

トマト

　もしトマトを地面に這わせて栽培していれば、いくら脇芽が出ようが放っておいてもかまいません。なぜなら脇芽の途中の枝が地面に触れると、そこから勝手に新しい根を出すからです。この根を**不定根**といいます。

　根がたくさん出ればいくらでも枝を育てることができるのですが、地面を這わせずに育てる場合は、脇芽が地面に接しない限り不定根が出ませんのでうまく育ちません。脇芽をたくさん残してしまうと栄養不足に陥るので、数本の脇芽を残したら、後の脇芽は取り去った方が無難です。取り去る方法は小さな芽が出たときに、指で引きちぎる感じです。

また、トマトは下のほうの葉が黄色く枯れていくことがあります。これは役割を終えた葉ですので、黄色くなった下の葉は欠き取ってしまったほうが栄養が上へ上へと運びやすくなります。

トマトは雨に弱い作物です。そのため、トマトの根元には草を敷いたり、あるいは雨避けの屋根をつけたりしたほうが失敗が少なくなります。もし大雨が2~3日続いてしまうと、根から根腐れ菌や青枯れ菌が侵蝕し、一気に枯れてしまうことがあるからです。そのぐらい雨に弱い作物です。

7月後半から8月になると実がつきますので、収穫が始まります。その中から、美味しいと思えるトマトがあったら、食べずに残して種採りに回すと良いでしょう。

② 葉野菜類

寒い時期は葉野菜の栽培に向いています。葉野菜は虫食いが激しい野菜で、虫があまりいない時期に栽培するとうまくいくことが多いようです。この2月または3月の時期を逃すと10月頃の種蒔きになります。もちろん一般的には虫除け対策をすればいつでも作れるのですが、無農薬で栽培するなら2月か3月がおすすめです。

葉野菜といってもいろいろあります。アブラナ科の葉野菜なら、小松菜や水菜、キャベツやブロッコリーなどです。その他にヒユ科のほうれん草やキク科のレタスなども種を蒔くには良い時期です。

どの葉野菜も9月や10月にも蒔くことができます。レタスは元々虫食いがほとんどない野菜なので、いつでも作れると言えば作れますが、レタスは日差しが強いと苦くなったり硬くなったりするので、やはりこの時期に作るのがおすすめです。

この中でキャベツとブロッコリーは苗を作る必要があります。トマトと同様に育苗ポットに土を入れ、温室で45日ほど育ててから畑に植え替えます。それ以外は畑に直蒔きできる野菜です。もちろん雪がない、もしくは雪が解けているというのが前提条件です。

直蒔きする野菜は、スジ蒔きにするかバラ蒔きにします。

その方法は前章で説明した通りです。アブラナ科は**バラ蒔き**、それ以外は**スジ蒔き**して間引きしながら育てるのがいいのですが、アブラナ科はバラ蒔きすると雑草に紛れて見つけにくくなることがあります。

春菊

もし、そのような状況ならばスジ蒔きでも構いません。その代わり必ず間引きをして育ててください。間引きしないと全体的に黄色く枯れていったりします。

収穫時期は種を蒔いてから、だいたい45～60日です。夏場はもっと早いのですが、この時期ですとそのくらいゆっくり待つ必要があります。

収穫する場合は必ず根を残して収穫してほしいのですが、ほうれん草のように根も食べたいというのであれば、根ごと引き抜きます。

ただ、根を畑に残すと、それが分解されて土壌のミネラルにもなるし、土壊の酸性化を防ぐことにも役に立ちます。さらに連作障害も起きにくくなります。

連作障害とは、同じ場所で同じ野菜を作り続けると、生育が悪くなったり病気がちになったりという農作物特有の症状のことをいいます。しかし、よく考えてみると、これもおかしな話で、詳細は最後に書きます。

●3月に種蒔きしたい野菜　旧暦の弥生《やよい》

①　ナス

3月に入るとナスの種蒔きの時期です。ナスの旬はトマトよりも1か月遅く、だいたい8～9月ですが、やはり生育の遅い野菜としては3月には種蒔きをしないと間に合いません。

よく「秋茄子は嫁に食わすな」という言葉がありますが、これにはいろいろな意味が含まれているといわれています。

秋茄子は美味しいから嫁には食わせないという意地悪な発想であったり、アルカロイドの毒が増えるから食わないほうがいいという話だったり、秋茄子は種ができにくいので縁起が悪いとか、あるいは身体を冷やすから良くないとか。

しかし本当に意味は「嫁」ではなく「夜目」。夜目はネズミです。秋茄子は味が良くなるのでネズミに気をつけろという意味だそうです。そのくらい9月に入るとナスがたくさんできて、美味しくなります。

ナスも同じく苗を作る野菜です。トマトのときと同じように苗ポットに種を蒔き、温室で育てて60日後に畑に植え替えます。ナスは肥料喰いといわれているので、先に草堆肥を必ず混ぜ込んでおいてください。

まだ草堆肥を作っていない場合は、とりあえずは腐葉土でもかまいませんが、できたらこの機会に草堆肥を作ってみてください。

ナスもナス科ですので、脇芽が出る野菜です。無肥料で栽培するとそれほどたくさんの脇芽は出ませんので、脇芽を取るという作業はあまりないのですが、最初に咲く花、一番花から数えて、下2つ目以降は残し、それよりも下の脇芽は欠いてしまったほうがいいと思います。

下のほうに出た脇芽は太くなり栄養分散が激しくなるので、伸ばさないのが基本です。一番花より上は放置してもかまいませんが、脇芽が全部で8本以上出るようなら、後半の脇芽も伸ばさないほうが無難です。

ナスは育ってくると結構背丈が高くなってきます。だいたい1～1・5ｍくらいになります。茎が太くなれば倒れることは本来ないのですが、茎が太くならないと倒れたりしますし、台風などでも折れたりしますから、支柱を1本立てて、軽く縛ってあげる必要があります。

また、ナスの実がつき始めると、枝が重くなって倒れ込んでくることもあります。枝は空のほうに向いていればどんどん伸びていくのですが、実がついて枝が垂れ下がり地面のほうに向くようになると、枝の伸びが悪くなります。

これは枝を伸ばすことよりも、実を太らせることに栄養を集中させるからと思われます。このとき枝を支柱のほうに引っ張りあげて地面に対して45度以上の角度に持ち上げ、空に向くようにすると、実を太らせながらも枝が伸びるという現象が起きます。

枝が伸びるのを栄養生長といい、実をつけるのを生殖生長といいますが、この2つの生長のバランスを取るために、実をつけた枝をあえて上に向かせるという方法です。こうすれば、枝も伸びるし、実も熟していきます。なかなか面白い植物の習性であり、多くの農家も知らない現象だと思います。

ナス

ナスの収穫は、艶があるときです。艶が抜けてきたら種をつけ始めているので、だんだん硬くなってきます。また、大きくしようと実をいつまでも収穫しないでおくと、次に着果するはずのナスにミネラルを送ろうとしなくなり、収穫できる実の数が減りますので、できるだけ早めに次々と収穫するのがベストです。

これも意外と知られていないことなので、実に面白い現象だと僕は思います。

② ピーマンなど

ピーマンや唐辛子系もナスと同じタイミングで種を蒔きます。やはり苗を作りましょう。ピーマンや唐辛子系、あるいはパプリカなどの野菜は、地温が高くないと芽がまったく出ない植物です。原産地でも地温が25℃にならないと発芽しない野菜であり、そのためには温室である程度加温しないと難しいかもしれません。

地温が20℃を超えてくれれば発芽するので、小さめの育苗ポットを使い、できるだけビニールで囲い、日がしっかり当たる場所で苗を作ってみてください。人によっては農業用の電気マット（農電マットと呼びます）を使用することがあるぐらいです。もちろん、そんなものを使わなくても、暖かい場所が作れれば発芽します。

ピーマンも45～60日くらいで畑に植え替えますが、その際、根元には必ず籾殻などを敷いて保温するようにしてください。

ピーマンは気温が高くないと育たないのですが、植える時期は3月ですからまだ気温が低い日があります。かといって初夏に植えたのでは、実がつく頃に秋が来てしまいますので、地温確保がとても重要になるということです。

ピーマン

ピーマンもナス科ですから脇芽が出ます。脇芽は最初に咲く花よりも下に関してはすべて除去し、最初の花以降は完全に放置してかまいません。

また葉に関しても、下のほうから黄色くなってくれれば、葉を欠いてしまいます。そうすることで茎がコルクのようにに硬くなっていきます。このコルク化がしっかりできれば、カメムシによる被害がグッと少なくなります。

●4月に種蒔きしたい野菜　旧暦の卯月《うづき》

① キュウリ

ウリ科の野菜は初期生育がとても早い野菜です。また生育に気温も必要なため、種を蒔く時期も暖かくなってからですが、初期生育は早くても実がつくまでには時間がかかるので、やはり温室で苗を作って、暖かくなり始めたら畑に植え替えるようにします。育苗方法は他と大きくは変わりませんが、芽が出るのも本葉が出てくるのも早いので、4月に育苗を始めれば夏の収穫に間に合います。

種を蒔いてから、だいたい45日で畑に植え替えます。このときウリ科はナス科などと比べて虫に食われやすい野菜なので、苗を畑に植えてから、しばらくはしっかりとした虫対策をする必要があります。特に**ウリハムシ**という虫にやられます。

ウリハムシはウリ科が持つククルビタシンという毒を体内に溜め込み、それによって鳥に食われないよう自分自身を守っています。ククルビタシンは毒ですので、他の虫はウリ科の葉を食べないのですが、ウリハムシだけは、ウリ科の葉を食べ尽くしてしまうことがあります。

もし食べ尽くされると、新しい葉が出るまでに時間差ができてしまい、残念ながら生育が間に合いません。そのため苗を植えて1か月は最低でも虫除けをしておきます。ある程度大きくなれば多少はウリハムシに食べられても平気ですが、実はこのウリハムシが来ているおかげで実をつけるという現象も起きます。これはウリ科は雄花と雌花が別々に咲く植物で、雄花の花粉を虫の力によって雌花に運んでもらう必要があります。

このときウリハムシがいることで他の虫が危険を察知して寄りつかず、そのおかげでミツバチたちが安心してウリ科に寄ってきて受粉を助けてくれるのです。こうした虫同士の助け合いもあるので、ウリハムシをただ嫌うのではなく、役割も知っておく必要があります。とはいえ、苗が小さいときは要注意なので、しっかりと虫対策をしましょう。

虫対策は難しくありません。苗を植えたら周りに4本の短めの支柱を立て、底を切ったゴミ袋などをかぶせるだけです。ウリハムシはこのビニールがあると葉に止まることができません。ウリハムシは葉に止まるときには低空飛行するのですが、ビニールが邪魔になって止まれなくなります。これを行灯《あんどん》と呼んだりしています。

その後1か月もすればこの行灯は撤去し、蔓ものネットにキュウリを這わせます。キュウリは蔓を出して、自らネットを掴みにいくので、キュウリの苗の近くに蔓ものネットを張っておけば勝手にしがみつきます。なかなかしがみつかない場合は、少しだけ手伝ってあげてください。伸びた蔓をネットに手で絡ませてあげるだけです。

キュウリは受粉が上手くいかなくても実はつきますが、受粉しないとキュウリの形が歪になってきますので、根元に黄色い花でも植えて、虫を呼び込んでください。なおキュウリが歪になる原因のもうひとつが、花が咲いているときの水不足です。花が咲いたら、少しだけ水をあげてください。

キュウリ

② ズッキーニ、カボチャ、スイカなど

ズッキーニ、カボチャ、スイカなどもキュウリと同じく苗を作ります。浅く植えたすぐ後はウリハムシにやられないように行灯をするのも同じです。違いがあるとしたら、蔓ものネットに這わせるのではなく、地面を這わせるということでしょうか。そのため広めの場所が必要です。

また、草が生えてくるとカボチャやスイカが埋もれてしまいますし、草が長くなってから慌てて草刈りをすると、カボチャやスイカの蔓が掴んでいた草を切ってしまいますし、ともすればカボチャの蔓や枝を切ってしまうこともあります。

そうなると枯れてしまいますので、草が生えないように、カボチャを這わせるところに稲藁などを敷き詰めておくといいでしょう。稲藁がなければ、刈り取った雑草でも構いません。何か土を覆うように被せておけば草は生えにくくなります。

カボチャやスイカもキュウリと同じく、雄花と雌花が別々に咲くので、虫による受粉が必要です。キュウリは受粉しなくても実はつくと書きましたが、カボチャやスイカは受粉しないと実はつきません。そのため、ミツバチなどの虫がいないと上手く育たない野菜です。虫を呼ぶためには、黄色い花を咲かせるマリーゴールドなどを近く

ズッキーニ

に植えておきます。
それでも上手く実がつかない場合は、人工授粉という方法を試してみます。
まずは雄花と雌花を探します。両方が一度に咲いている必要があります。雄花と雌花の見分け方ですが、花のすぐ下に小さなカボチャやスイカがついているものが雌花です。この小さな実は受粉しないと腐っていきますので、小さな実がついた雌花を見つけたら、雄花を収穫し、花びらを取り去って、真ん中の雄蕊をむき出しにし、雄蕊についている花粉を雌花の真ん中にある雌蕊に満遍なくくっつけるだけです。

雄花と雌花が同時に咲いている瞬間を見つけるのは難しいかもしれませんが、だいたい朝の6時か7時頃には咲いているはずです。そのタイミングを見つけられなければ、ミツバチたちに頼るしかありません。

黄色い花をたくさん植えておきましょう。

収穫時期はとても難しいのですが、人工授粉をした日を記録しておき、そこからだいたい45日後です。待っても60日くらいで収穫です。早すぎても遅すぎても良い実にはなりませんが、あとは慣れるしかありません。

スーパーで売っているカボチャなどを見て、色や硬さなどを学び、収穫時期を見極めましょう。なお、カボチャは収穫してから1か月ほど置くと甘くなります。

●5月に種蒔きしたい野菜　旧暦の皐月《さつき》

①　芋類

5月は芋を作る月です。冬の間は獣たちも食べるものがなく、芋などを埋めようものなら掘り返されてしまいますが、5月になれば山も食べものが増えて獣たちも下りてこなくなります。

もっとも、現代においては夏でも山に食べものがないのが実状となってしまいました。戦後の杉植林の影響です。杉は日本特有の樹木で、一気に増やすためにクローンが作られ、多くの山に植樹されました。杉は実をつけず、また新芽もあまり出さず、さらにミツバチたちの生息も阻害するため、獣たちの食べものにならないようです。

それはさておき、芋は5月になると植えます。ジャガイモは3～4月頃に植える人も多いと思いますが、5月植えでも8月後半には収穫可能です。サツマイモは寒さに弱いため、5月植えで9月収穫が良く、サトイモは生育期間が他の芋よりも長く、かつ寒さに強いので5月植えで11月収穫です。

日本人は芋類をよく食べていたようで、ジャガイモは早植えで6月収穫、遅めで8～9月にはサツマイモを収穫し、11月にはサトイモを収穫しますし、ジャガイモは8月後半に植えれば12月収穫になりますので、少なくとも1年の半分は常に芋が収穫できるわけです。

食の確保として芋は適していて、特にサトイモやジャガイモは保管に気をつければ長期保管もできるので、上手に計画を立てれば一年中芋が食べられることになります。

栽培方法はとても簡単で、サトイモとジャガイモに関しては、芋そのものを植えるだけです。ジャガイモは、だいたい30㎝間隔、サトイモは50㎝間隔で芋を植えていきます。

これらの芋は種を取ったりはしません。普通の野菜は種で増やしますが、それを種子繁殖と呼ぶのに対し、芋そのものを植えて増やす方法を栄養繁殖と呼びます。芋を植えると、その芋が持っていたデンプンを栄養源に新しい芽が出て、かつ根や茎が伸びて、その先に芋をつけるわけです。

芋の育て方は簡単ですが、少しだけコツがあります。

ジャガイモは土壌のｐＨが中性に近いと病気がちになるので、土壌が酸性化してきたらジャガイモに向いた土となります。土壌が中性、またはアルカリ性に偏ると、そうか病という病変が現れます。ジャガイモの表面がゴツゴツになる病気です。

皮を剥けば食べても問題はありませんが、一度病変が出るとずっと出続けるので、注意したいところです。**そうか病予防にはネギの混植**が向いています。ネギの根が出す有機酸という酸が土壌のアルカリ化を防ぐので、ジャガイモの同じラインにネギを何本も刺しておくと、ある程度病気を防ぐことができます。

サトイモ

またジャガイモは深く植えると芽が出にくくなりますので、深さ10㎝程度に浅く植え、1か月ごとに土を根元にかけていくという土寄せをすると上手く育ちます。

ひとつの芋からたくさんの芽が出ますが、芽が出すぎると芋が小さくなりますので、出てきた芽を3つまで残して4つ目からは引き抜いてしまったほうが、芋は大きくなります。大きな芋がほしければ、芽は3つまで。小さくてもいいのでたくさん欲しければ芽は抜かなくてもかまいません。この作業を芽欠きと呼びます。

なお、ジャガイモを半分に切って灰を付けるという方法をよく聞きますが、灰はアルカリ性なので、無農薬で栽培する場合は切らないほうが無難です。

サトイモはそのまま植えるだけですが、水が少ない畑だと上手く育ちませんので、土が乾かないように水やりをし、必ず根元に草や藁を置いて保湿してください。またジャガイモと同じく1か月に一度は根元に土をかける土寄せをして育てます。

サツマイモだけは、ジャガイモやサトイモとは育て方が違います。サツマイモはまず芋を畑に浅く植えます。表面が少し土から出てしまうぐらい浅くです。畑じゃなくてもプランターなどを使ってもいいでしょう。そうすると、芽がいくつも出てきて、どんどん伸びていきます。

この伸びてきた芽が30センチを超えてきたら根元でハサミで切り取り、この芽を植えます。30㎝の芽の下15㎝〜20㎝ぐらいを土の中に埋めます。これを50㎝間隔で何本も植えます。芋そのものを植えて放置しても芋はできませんので、気をつけてください。

芋の収穫時期は、地上部の葉っぱが枯れ始めるときです。ジャガイモもサトイモもサツマイモも皆同じです。完全に枯れなくても、枯れ始めれば収穫時期です。

●6月に種蒔きしたい野菜　旧暦の水無月《みなづき》

①　ブロッコリー

ブロッコリーは一年中スーパーで売っているので、旬がわかりづらいですが、初夏か秋です。

6月になると秋冬野菜の準備が必要になりますが、まだ初夏にもなっていないうちに秋冬野菜と言われても、春夏野菜をやっと植え付けしたばかりなのにと思うかもしれませんが、農業とはそういうものです。**一年中、何かの種を蒔いているから、一年中何かしらの野菜があるわけです。**

特にブロッコリーは花芽を食べる野菜なので、花芽は寒くなりすぎると出てこなくなるために、種を蒔くなら6月が適しています。暖かい地域なら7月でも間に合うかもしれません。

ブロッコリーは青虫、いわゆるモンシロチョウなどの幼虫の被害が大きい野菜です。時にコナガなどの蛾の幼虫の標的にもなります。6〜7月は青虫の多い時期ですし、ブロッコリーも苗を作る野菜ですので、虫対策をしながら苗を作ります。

春夏野菜の苗を作るときは温室の中で作りましたが、この時期はもう暖かいので、虫除けネットをかけて苗を作ります。ただ、あまり日差しが強いと苗が暑さで負けてしまうこともあるので、高温が続く場合は、少し遮光することも考えます。

遮光は遮光シートや葦簀《よしず》などでもい

ブロッコリー

いかもしれません。ただし、かけっぱなしにすると苗がひょろひょろと徒長してしまうので、あくまでも日差しの強い11～14時くらいだけです。

虫に食われずに本葉が5枚程度出てきたら畑に植え替えます。もし苗がひょろひょろしてしまったら、少し深めに植えるとしっかりとしてきます。基本は浅く植えるものなのですが、ひょろひょろしたときだけ、深めに植えて、風による折れや倒伏を防ぎます。

畑に植え替えた後も虫に食われることはよくあります。そのため、畑でも虫除けネットをかけておいたほうが無難です。背丈が高くなって、虫除けネットの中で伸びづらくなってきたらネットを外します。その頃にはもう9月を過ぎていますので、だんだん虫の被害も減ってくる頃です。

ブロッコリーは収穫が遅れ、暑い日が数日続くと、あっという間に花を咲かせてしまいますので、注意しましょう。

●7月に種蒔きしたい野菜　旧暦の文月《ふみづき》

①　キャベツ

キャベツはブロッコリーよりも遅めに種を蒔いても秋には収穫できます。キャベツはブロッコリーと違って花芽を食べるわけではなく、葉っぱを食べる野菜だからです。

しかし、キャベツを結球させるためには、あまり遅くなっては間に合いません。結球する前に気温が15℃を下回ってしまうと、キャベツは結球することを諦めて、たんぽぽの越冬のように葉を広げてしまうからです。この姿をロゼットと呼びます。そうならないためには、種を蒔くタイミングを間違えないことです。

キャベツもブロッコリーとほぼ同じなのですが、キャベツは酸性に弱い野菜です。土壌のpHが6を切ると病気になったり、生育が極端に悪くなったりします。

キャベツのようなアブラナ科の野菜は、菌根菌などと共生するよりも、自ら有機酸を分泌してミネラル吸収をしようとしますので、畑の土壌が酸性になっているとその有機酸の効果が効きづらく、ミネラル吸収ができずに弱くなってしまうからと考えられます。そのため、キャベツやブロッコリーなどを栽培する場合は、畑に草堆肥だけでなく、草木灰を一緒に混ぜ込むと上手くいくことがあります。

キャベツ

ちなみに草木灰を混ぜて2週間ほど経ってから苗を植えてください。草木灰に直接触れてしまうと根が弱ってしまうこともあるので、草木灰がある程度土壌に馴染んでからのほうが効果があると思います。

●8月に種蒔きしたい野菜　旧暦の葉月《はづき》

①　白菜

白菜もアブラナ科です。白菜は生育が早い野菜で、かつ暑さに弱いので、あまり早く種を蒔きすぎると生育が悪くなり、かつ虫食いも激しくなります。そのため8月に種を蒔き、11月頃に収穫するようなスケジュールで栽培します。それでも初期は虫食いが激しいので、虫除けネットを張っておいたほうが安全でしょう。

白菜も苗を作ります。暑さに弱いので、あまりにも暑い日は日陰にしてあげる必要もあります。また生育が早いので、1か月ほどで畑に植え替えてしまいます。その時も虫除けネットをかけておくといいと思います。

白菜も結球しないことはよくあります。白菜の場合は日差しが強く、暖かい日が続くとなかなか結球しません。また土壌が酸性化していても結球しない原因となります。ですので、種を蒔くのが早すぎないように気をつけることと、草木灰を先に混ぜ込んでおいてください。

ただ、白菜を9月に種蒔きにすると、今度は越冬するために葉を広げるロゼットの形を取ることがあるので、どのタイミングで種を蒔くか、しばらくは経験を積み重ねる必要があります。

白菜

●9月に種蒔きしたい野菜　旧暦の長月《ながつき》

①　ニンニク

ニンニクは栽培期間の長い野菜です。9月か10月に種蒔きをすると、収穫は9か月後の6月か7月です。そのため、他の野菜は作れないので、ニンニク専用の畝が必要になります。

ニンニクは栄養繁殖といって、種を蒔くのではなく、芋のようにニンニクそのものを植えて作ります。方法は極めて簡単で、大きくかつ綺麗で、病気がないニンニクを選び、その皮を剥いて6片のニンニクなら6個に分け、それをひとつずつ15㎝間隔で植えていくだけです。この際、根を深く切りすぎているものは根が出ない可能性があるので注意してください。1㎜や2㎜ほど根を残したものが良いと思います。

深さは5㎝程度です。あまり深くても、逆に浅くてもニンニクが小さくなってしまいます。ただ、ニンニクはとても難しい野菜で、肥料をある程度使わないと大きくはなりません。おひとり農業では肥料はあまり使わないほうがいいと思っているので、小さいものしかできないかもしれません。そのためできるだけ草堆肥を作り、混ぜ込んでおきましょう。

また、米ぬかを混ぜてもいいでしょう。ニンニクを植える畝に米ぬかを混ぜ込んで1か月間放置してからニンニクを植えます。

ニンニクは生育後半になるとトウダチと言って、花を咲かせようとします。通常ニンニクは細長い葉を何本か広げているだけなのですが、中心から茎が出てきて、高さ1mほどに伸びていきます。

その先に種を着けようとしているのですが、このまま種をつけさせてしまうとニンニクが太りません。そのためその茎を途中で切ってしまいます。これをニンニクの芽といい、栽培者だけが食べられる美味しい香味野菜にもなります。なお、スーパーで売っているニンニクの芽とは品種が

ニンニク

違いますので、味わいも違うと思います。

ニンニクは収穫後に2週間以上干す必要があります。葉と根を切ったら、風通しが良く、軽い日陰の場所に吊るしておいてください。干さないニンニクは生ニンニクと言います。干すことで長期保管ができるようになります。

② 玉ねぎ

玉ねぎは少し手間のかかる野菜です。玉ねぎは玉ねぎを植えるのではなく、種を蒔きます。そのため、玉ねぎも長い栽培期間になります。8月に入ったら、すぐに小さなプランターなどに苗土を入れ、米ぬかを混ぜておきます。そして9月に入ったら、そこにバラ蒔きで玉ねぎの種をパラパラと蒔き、薄く覆土します。そこから水を欠かさないように、毎日水やりをしながら芽が出て育っていくのを待ちます。

もちろんプランターではなく畑でやってもいいのですが、畑に毎日水やりするというはなかなか難しいので、家の庭やベランダで管理するほうが簡単だと思います。

苗が20㎝を超えてきたら、畑に植え替えますが、畑でも同じように1か月前に草堆肥と米ぬかを混ぜ込んでおいてください。そこに苗を15㎝間隔で植えていきますが、このとき、必ず苗は浅く植えてください。深く植えてしまうと玉ねぎが細長くなったり、小さくなったりします。そして越冬のために、籾殻などを厚く敷き詰めておきます。

籾殻がない場合は、雑草などでも構いませんが、とにかく土を何かで覆っておかないと土が冷たくなって生育が遅くなったり、越冬できずに消えてしまったりすることがよくあります。虫除けネットをかけておくだけでも寒さ対策になります。

玉ねぎの収穫は、葉が倒れ始めてからです。小さい玉ねぎしかできない場合は、黒いビニールマルチなどを使うと少しは大きくなるはずです。

玉ねぎ

ただ僕自身はビニールゴミを減らす観点から使用しません。また、玉ねぎも収穫したら風通しの良いところで必ず干してください。干さない玉ねぎを新玉ねぎなどと呼んで別扱いしますが、干すと周りが茶色くなって玉ねぎらしくなります。

●10月に種蒔きしたい野菜　旧暦の神無月《かんなづき》

①　そら豆

そら豆は越冬させる豆です。収穫時期は6月頃ですが、決して寒さに強いわけでもないので、保温しながら越冬させて栽培します。蒔き時は10月ですが、本来ならば9月頃に蒔くと発芽も早いのですが、9月に蒔くと越冬するときに大きくなり過ぎて枯れてしまうという厄介な面があります。

大きくなると水分を保ちすぎるため、自分の水分で凍ってしまうのです。アブラナ科などは越冬する場合は水分を抜いたり、あるいは体内の水分を不凍液化したり、紅葉して光合成を停止させることで凍ることを阻止するのですが、そら豆はそれが苦手なようです。

であれば春に種を蒔く方法もありますが、どうしても生育期間が長いので2月頃には蒔く必要があり、そうすると気温が低いのでなかなか発芽しないということにもなります。

春でも秋でもいいのですが、僕の経験では秋蒔きのほうが発芽はしっかりと行われます。ただし、越冬のときに枯れないように、藁などで囲んだり、不織布と呼ばれる農業用の布をかけたりして越冬させます。

畑に直接種を蒔いてもいいですが、そら豆が水分を含んで膨らんでくると鳥に食べられることがあるので、育苗ポットに種を蒔いて、10㎝程度に育ってから畑に植え替えてもかまいません。蒔く時期はポットでも畑でも同じタイミングになります。

正月を迎えるときに30㎝以上の大きさに育ってしまう場合には、摘芯といって、成長点を切ってしまう方法もあります。切っても脇芽が出てくるので、春にはまたしっかり育ち始めます。

そら豆はアブラムシの大好物らしく、そら豆の生長点にアブラムシがビッシリと集まることがあります。そうするとそら豆は生長できなくなり、致し方なく種をつけようとします。つまり栄養生長を続けるそら豆の生長点をアブラムシが食べることで、生殖生長に変わるということです。

そら豆

　とはいえ、あまり早くアブラムシの食害にあうと実も小さく少なくなりますので、もし背丈が50㎝に満たない小さいときにアブラムシがビッシリ付くようなら、一度生長点を切ってしまっても良いと思います。
　そら豆の収穫は、豆が入っている鞘が青々としていて、かつ下を向いていているときです。最初は鞘が上向きになっていますが、だんだん下を向き始めるので、そのタイミングで収穫です。触ってみて、中の豆ができているかを確認してください。種を採る場合は鞘が真っ黒になってからです。

②　えんどう豆

えんどう豆も越冬野菜です。もちろん春に蒔いて夏過ぎぐらいに収穫でもかまいませんが、えんどう豆は秋蒔きで春収穫の方がぷっくりとしていて味が良いと思います。

えんどう豆も苗を作ったほうが無難です。やはり鳥に狙われやすいと思います。芽が出て10㎝程度になったら畑に植え替えます。

蔓性の植物ですので、蔓ものネットを張って、そこを登らせていく必要があります。

えんどう豆

蔓を出しますので、最初だけネットに縛ってあげれば、あとは勝手にネットを掴んで伸びていきます。

えんどう豆も寒さに弱いので、越冬させるときは藁などを使って保温してあげる必要があります。

●11月に種蒔きしたい野菜　旧暦の霜月《しもつき》

①　ほうれん草

ほうれん草は寒くなると芽を出す植物で、北日本で9月〜10月に蒔くことも多く、西日本では11月でも間に合う野菜です。

ほうれん草の種は芽が出にくい種といわれていて、種は硬い殻に包まれています。種を買うと、袋に入っているのがそのまま種かと思われるようですが、実際には殻であり、その中に種が2粒ほど入っています。そのため、ほうれん草が芽吹くためには、殻の中に水が染み込むことと、その殻を破る必要があるということになります。しかも寒くならないと芽が出ません。

そこで、ほうれん草の種は、種を蒔く前日にボウルか瓶に水を入れ、その中に浸しておきます。かつ水温を下げるために冷蔵庫に入れておくと芽吹きが良くなります。冷たく濡れていると種はとても蒔きづらいとは思いますが、大量に蒔くわけではないのなら、濡れたまま蒔く方がいいでしょう。たくさん蒔く場合は一旦乾かすしかありません。

ほうれん草はアルカリ土壌で育つ野菜であり、土壌が少しでも酸性に寄ってしまうと生育が極端に悪くなります。そのため草木灰を土に混ぜ、2週間ほど経ったら種を蒔くことをおすすめします。pHが7~7・5ぐらいがよく育ちます。

蒔き方はスジ蒔きです。ほうれん草の種は茎に一直線につくので、スジ蒔きが向いているようです。スジ蒔きですと、どうしても種をたくさん蒔きすぎるきらいがあるので、必ず間引きをしながら育ててください。

最終的にはほうれん草は15㎝間隔になるように間引きします。

ほうれん草は寒さに強いとはいえ、あまりにも寒すぎると葉が黄色く枯れてきますので、不織布や虫除けネットなどを使って、少し保温してあげます。ただ、12月の寒い日に、一度か二度ほど冷たい空気に晒してあげると、とても甘くなります。

ほうれん草

この本は野菜の育て方を網羅する本ではなく、おひとり農業という自給的農業を推進する本ですので、野菜の育て方の説明はこのぐらいにしておきます。

ただ、ここで説明した育て方は、ここに書かれていない野菜の育て方のヒントにもなると思います。すべてをマニュアルとして理解しようとはせず、やはり自分自身で考え、想像し、試してみるというスタンスが、自給的農業には向いていると思います。

作付けマップほど大事なものはない

さて、野菜の育て方の基本的なことがわかってきたら、今度は作付けマップを作ってみてください。簡単な例を図にしてみました。図の通りに作付けするという意味ではなく、あくまでも一例です。

おひとり農業ですので、あまり欲張っても大変になりすぎますし、こうして作った作付けマップを毎年作り替えていくのも大変なので、一度作った作付けマップは細かなところを修正しながら、進化させていけばいいのかなと思います。

このとき連作障害は出ないのか、という心配をされる方がいます。連作障害とは同じ場所で同じ野菜を毎年作り続けると、早いもので2年、遅いもので4年ほどすると、同じ野菜がまったく育たなくなったり、病気になったりする障害のことです。

連作障害は自然界ではあまり起きません。しかし野菜を作るとなると連作障害がなぜか起きるようになります。栽培で起きるということは、連作障害の原因は人が行っている作業の何かが原因となっていると考えるほうが自然です。

実は**連作障害とは肥料障害のこと**です。化学肥料などの即効性のある肥料を使い、かつ農薬などを使用していると、連作障害が起きやすくなります。それは肥料によって土壌のミネラルバランスを狂わせているということと、農薬により微生物のバランスを狂わせているからです。

これは普通の栽培方法では致し方ないことで、より早く確実に、かつ綺麗に野菜を作ろうとすると、その野菜に必要なミネラルを多めに与えることになりますし、虫食いや病気を減らすために農薬も使わざるをえません。

おひとり農業では余計な肥料は使わないし、農薬も使わないのが前提です。肥料といっても自然界に存在する植物などの有機物を循環させているだけですので、ミネラルバランスが大きく狂うことは考えにくいと思います。

農薬を与えなければ、微生物は増えていきますので、バランスが狂うことも少なく、かつ草もある程度許容しますので、微生物にも多様性が生まれます。つまり、肥料や農薬を使わずにいれば、連作障害は起きにくいという結果になるわけです。だから、毎年同じ作付けマップが利用できます。

作付けマップ(例)

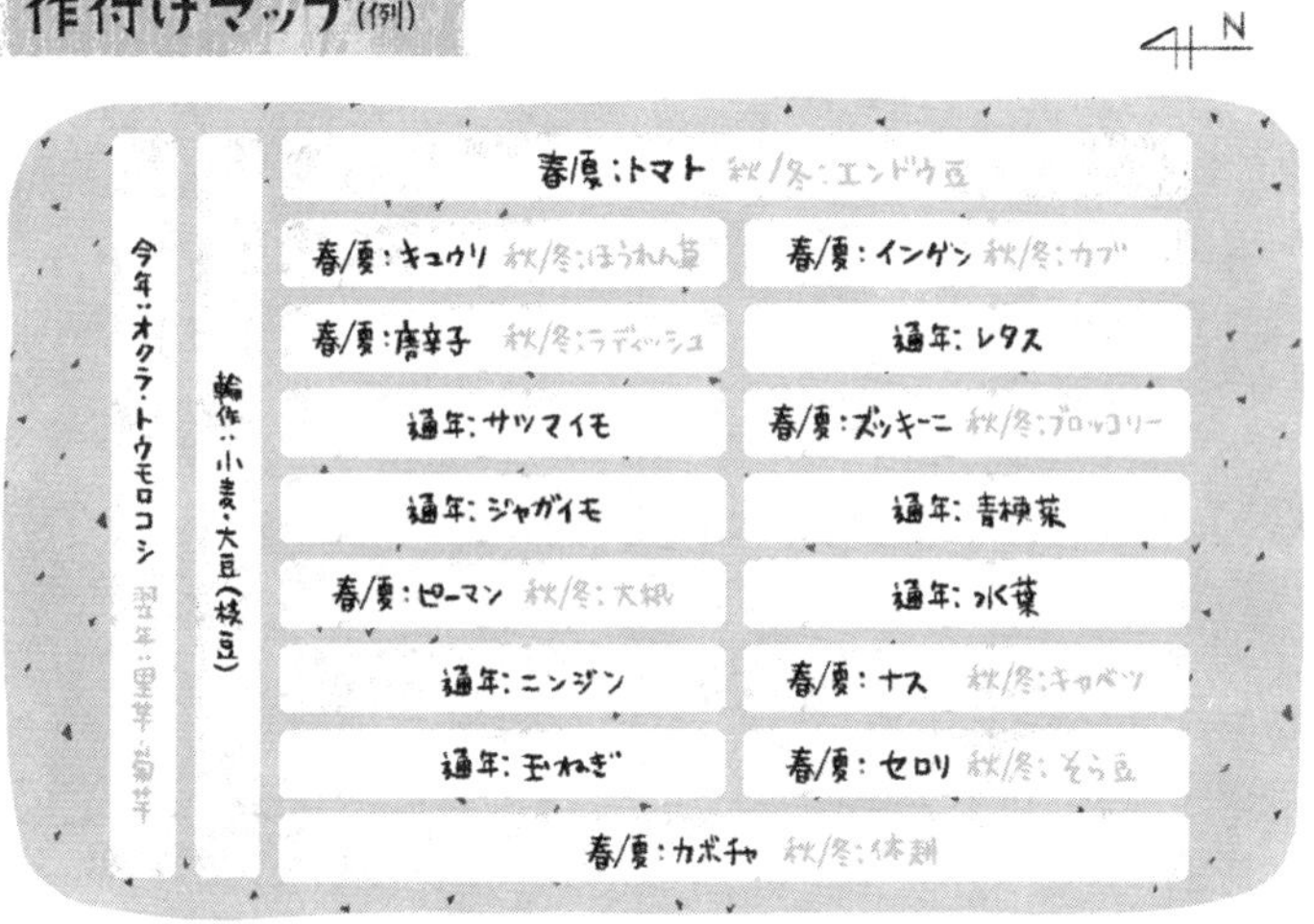

図の作付けマップの例では、次の通りです。

❶　1年目にオクラやトウモロコシを作ったら、2年目はサトイモやキクイモを作る。つまりこの畝は風除けのために、背の高い野菜を中心に作ります。1年目と2年目の野菜を変えるのは、栽培する野菜の種類を増やすためです。

❷　春に大豆を蒔き、大豆を11月に収穫したらすぐに小麦を蒔く。大豆のようなマメ科と小麦のようなイネ科は相性が良いといわれています。

❸　春にトマトを植え付け、10月にトマトを終わらせたら、トマトのネットを利用してえんどう豆を植え付けます。こ

れはナス科とマメ科は相性が良いからです。

❹カボチャは春に植え付けても10月頃まではなんだかんだでカボチャが占領しますので、秋冬野菜は作らないという方法です。

❺春にジャガイモを植えたら、収穫後の秋に再びジャガイモを植えます。普通は連作しないものですが、ジャガイモは土を掘り返して収穫するため、土を掘り返す専用の畝にするということです。

これらはあくまでも僕が栽培していたときの一例であって、皆さんも自由に考えてみてください。野菜には相性がありますが、あまり深く考えずにいろいろと楽しんだ結果としての経験が、その後の栽培を進化させていくことになると思います。

虫対策について

この章の最後に虫対策について書いておきましょう。とは言っても虫は野菜の生育には、ときには必要な存在です。

ミツバチやアブなどの多くは、ウリ科やアブラナ科の野菜の受粉を助けてくれています。そら豆に付くアブラムシは、そら豆の生長点を食べて、栄養生長から生殖生長に切り替えてくれています。

糖度の高い野菜は、糖によって蟻を呼び込み、蟻をボディガードとして雇っているという例もあります。あるいはキャベツなどが青虫に喰われるとそのときに発生するガスによって、天敵でもある寄生蜂を呼び寄せているということもあります。寄生蜂が増えれば、畑全体の虫が減っていきます。つまり、虫の生態系を守ることで植物も育ちやすくなるという例が実際にあるのです。

ですので、あまり無理に虫を追い払うと、むしろ害虫ばかり増えて、益虫がいなくなるという原因にもなるので、ここでは虫が嫌がる対策液を作成し、それによって虫を寄せ付けない方法を説明してみます。しかし、農薬のように虫を殺すことはありませんし、劇的な効果は期待できません。あくまでも忌避剤と考えてください。

虫が嫌がる匂いを発生するものを利用するのですが、それの筆頭は**木酢液や竹酢液**です。木炭や竹炭を作るときの副産物ですが、この液体が持つ酢酸やギ酸を虫たちが嫌がります。しかもこの木酢液は野菜のウイルスや病原菌を抑える力を持っています。

この木酢液や竹酢液に、カニやエビの殻から採取できるキトサンという食物繊維の粉をごく少量混ぜます。これを混ぜることで、粘りが出ますので、小さなダニやアブラムシはとても嫌がります。かかると窒息するからです。しかもこのキトサンを餌とする放線菌類がいて、この放線菌は病原菌を抑える力を持っているのです。

次にアルコールです。アルコールも虫にとっては大敵なのですが、病原菌にとっても大敵です。このアルコールに虫の嫌いな匂い成分を持つ、丁子、つまりクローブを2週間ほど漬け込んでおくという方法があります。クローブの匂いをアルコールで抽出するわけです。

※キトサンは市販されています。

病気・虫対策液の作り方

酢唐酎による対策液（20～50倍希釈）

- アブラムシ・ダニに効果
- その他の虫の忌避効果
- 放線菌優位による病原菌減少

つくり方

竹酢液（50ml）
（木酢液、穀物酢、米酢でも良い）
- キトサン粉末（0.3g）をよく溶かす

ウォッカ（50ml）
- クローブ（丁字）10粒（1～2g）を入れ2週間程抽出

- それぞれの液体と唐辛子（100mlに1本）を入れ、よくかき混ぜる
- 使用する際に、水で適宜薄める

このキトサン粉末を溶かした木酢液や竹酢液と、クローブの匂いを抽出したアルコールを同量混ぜて、出来上がった液体を20倍に希釈して軽く散布すると、虫たちは近寄るのを嫌がります。とはいっても、死ぬわけではないのでそのうち慣れてきてしまいますが、一時的な効果は期待できますし、何より病気の予防にもなります。

土壌に撒けば、土壌伝染するような病気も抑えられます。その場合は50倍に希釈して散布しますが、いずれにしろ、劇的な効果があるものでもなく、かつ良い菌や良い虫も寄りつかなくなりますし、かけすぎると野菜そのものが弱ってきますので、ほどほどに利用してください。

おひとり農業の基本は無農薬です。やはり購入してきたものを利用すると、持続性のない農業になってしまいますので、できるだけ虫を許容し、虫除けネットなどで虫を寄せ付けないような方法をおすすめします。

そうすれば最初は害虫しかいないと思っていた畑に益虫も現れるようになり、結果的に虫食いの少ない畑が完成していきます。

第6章

四季折々に作る調味料と保存食

収穫した野菜は食べるためにまず保管

野菜や穀物は保管方法によって味が随分と変わるものです。正しく保管し、正しく食べてこそ「おひとり農業」の基本です。もちろん、みんなで分け合って食べるのが楽しいのですが、1人では食べきれないほどの量を収穫してしまうと、長くゆっくりと食べたいものです。

縄文時代でも、あるいは弥生時代でも、食料の保存は死活問題でした。農作業に勤しみ、長い時間をかけて栽培しても収穫時期は短いものです。一度に収穫してしまえば、どこかに保管しておく以外方法はありません。

もちろん、食べる分だけ収穫するのが理想です。しかし収穫しない間も野菜や穀物は生長を続け、やがては種を着けて枯れていきますので、しっかりとした栽培計画と、しっかりとした保管計画が必要です。

そこで、現代での野菜や穀物の保管について、簡単に説明しておきます。

①　葉野菜

――通常の保管――

葉野菜は収穫した瞬間から水分が抜け、細胞が分解していきます。植物の身体は炭水化物やタンパク質ですので、水や炭酸ガス、窒素ガスへと戻り、地球を循環することになります。そのため、水分が綺麗に抜ければシワシワになりカサカサになっていきますし、水分が抜け切らずにいれば腐敗菌によって腐っていきます。腐ろうが発酵しようが乾燥しようが、結果的には水と空気に戻っていくわけです。

その寿命はせいぜい1週間です。2日目にはぐったりしてしまうものも多いでしょう。要は水分が抜けていくのですから、水分を保持するように管理すれば、腐ったり枯れたりはしにくくなるということです。

基本的には、一度に種を蒔かず、2週間おき程度に数回に分けて栽培するのが一番良い方法です。順番に収穫していけばいいわけですから。

それでも一度に収穫した葉野菜が多い場合は、水分が抜けてきたら水に浸けるという方法で復活させることができる場合があります。しかし、野菜の持つ水分と周りの空気中の水分との差は大きいので、野菜からは徐々に水分が抜けていきますし、やが

塩水保存

て水分を吸収する能力も失いますので、そのうち枯れてしまいます。

――塩水保存の方法――

良い方法はやはり保存食にするという方法でしょう。たとえば、白菜などを2％の塩分濃度の塩水に漬けておきます。その場合2日間ほど日陰干しして水分を抜いておく必要があります。水分がある程度抜けたら塩水に沈めます。そうすれば塩水が植物の中を満たすことになるので、塩に弱い腐敗菌は動きづらくなります。

また、塩水と野菜のｐＨの違いから浸透圧が生まれ、野菜が持つ真水を外に追い出してくれます。結果、２％塩水の殺菌力で野菜は腐敗せずに保管できるということになります。

それ以外にも漬物にするというのもひとつの方法でしょう。収穫してしまった葉野菜の保管には塩が役に立つということです。

②　根菜類

――通常の保管――

根菜類とは、ダイコンやカブ、ニンジンなどです。元々根菜類は日持ちするものが多いので、寒い時期であれば1か月ぐらいは腐敗しませんが、水分は少しずつ抜けていきます。水分は葉から抜けますので、葉をカットしておくことが重要です。根菜類は土の中で育つので、土を落とさないでおくだけでも案外長期保管が可能です。

腐敗菌を動かさないためには冷蔵の保存が良いのですが、庫内の温度が高めの冷蔵庫だとそれでも腐敗しやすいので、摂氏4℃くらいの保冷庫に保管するのがおすすめです。

――トンチミによる保存――

それでも、もっと長期保存したい場合は、やはり塩水の力を借ります。根菜類を日陰干しし、少しだけ水分が抜けたタイミングで、大きな瓶に2％の塩水を満たし、そこに沈めます。たとえば2Lの塩水を作るなら40gの塩を溶かしておくということです（厳密に言えば1・96Lの水ですが）。そのとき塩水にニンニクひと欠け、ショウガひと欠け、ネギ、そしてリンゴやナシをひと欠け入れておきます。唐辛子も入れるといいでしょう。これをトンチミと言います。

トンチミ

トンチミは韓国のレシピで、水キムチなどとも呼び、根菜類は長く保存できますし、果物の発酵菌で発酵していますので、味も良く、いろいろな料理に使えます。漬け水は冷麺の汁として利用できます。

③ 果菜類

――ソースとして保管――

果菜類というのは、トマトやナス、ピーマンなどです。これらを長く保存のするのは難しいのですが、トマトならトマトソースにして保存すれば1年以上保管できます。方法は簡単で、トマトを乱切りし、大きめの鍋に入れ、塩を一掴み混ぜて、水分量が半分になるまで中火で煮詰めます。焦げないように注意しなくてはなりません。

それ以外のナスやピーマンなどは、根菜類と同じくトンチミにしておけば長く日持ちします。

トンチミばかり作っておいても困る場合は、ナスなどは干しナスにする方法もあります。天日で1週間ほど干すだけです。天日干しができなければディハイドレーターなどを利用するのもいいでしょう。

トマトソース

④ 芋類

——通常の保管——

芋類は寒さに弱いものが多いので、秋冬ならば、発泡スチロールの箱にお米の籾殻を詰め、その中に沈めておけば長持ちします。発泡スチロールの蓋をすると蒸れてしまいますので、蓋をせずに厚めの新聞紙などで蓋をする感じで良いと思います。

短期間ならば濡れた新聞紙に包んでおくだけでも日持ちしますが、元々芋類は日持ちする野菜なので、寒さにだけ気をつければ、案外長く食べられるものです。

サツマイモの保管

――室（むろ）での保管――

土に埋めておくという手段もあります。畑に深さ50㎝ほどの穴を掘り、芋をネットなどの袋に詰め込んで置いておくだけですが、雨が長く続くと芋が腐りますので、埋めたところには板を置き、その上にブルーシートなどを敷いて重石を置いて、さらには簡易的な屋根をつけておきます。これを室といいます。

外に埋めるのが難しい場合は、大きめの段ボールや木箱に土を入れて、その中に埋めておいてもいいでしょう。それなら室内保管ができます。ショウガなどもこの方法で保管できます。

⑤ 穀物

――通常の保管――

穀物も長く保存できる食料ですが、無農薬の場合、どうしても虫が湧きます。そのため、収穫後はよく晴れた日に3日以上は平干しする必要があります。平干しとは平らに広げて乾燥させる方法です。それで虫の卵を死滅させます。

もちろん完全に死滅させることはできません。そして風通しの良い涼しいところで、通気性の良い袋で保管します。ネット状の袋も市販されていますし、紙袋でもいいでしょう。

なお、お米を長く保管する場合、籾殻を外さないほうがいいと思います。籾殻付きのほうが、虫がつきにくく、カビも生えにくくなります。

――保冷庫保管――

また湿度が高いとカビが生えてしまうこともよくあります。通常は冷蔵保存が適していいます。だいたい7℃くらいの温度で保管します。玄米保冷庫というものが冷蔵庫よりは安く手に入りますので、保冷庫保管をおすすめします。

調味料を作ろう

収穫した野菜を食べようと思えば調味料を使って調理することになります。しかし、せっかく自分で栽培した野菜なのに、買ってきた調味料で調理するのも残念な気もします。それに、おひとり農業では自給的な暮らしを考える人も対象としていますので、まずは調味料について書いてみます。

基本調味料

①　塩

塩は海水から煮出して作るので農業とはあまり関係ありませんが、塩を自家製にするのも良いと思います。塩作りは調味料の中でも簡単で、海水を汲んできて火にかけるだけです。エネルギーを多く使うので、天日で干して水分を飛ばして高濃度（飽和塩水）にしてから煮出すのが普通です。

しかし天日で干すのは大変時間がかかるので、少量であれば鍋に海水を入れてぐつぐつと2～3時間煮るだけです。石油ストーブや薪ストーブの上に置いておけばエネルギーも無駄になりません。

そのとき最初に硫酸マグネシウムや硫酸カルシウムが結晶化して鍋に固着しますので、最初に鍋についた塩のように見える灰色の塊は除去します。これはエグ味の原因になる硫酸塩といわれるミネラルです。

塩焚き

硫酸塩が付いてきたら、煮詰めている海水を別の鍋に移して再度煮詰めます。最初の鍋はよく洗ってください。

少量の水分を残してギリギリまで煮詰めたら、コーヒーフィルターで濾して苦汁《にがり》と塩を分けます。苦汁は豆腐などを作るときに利用できます。残った湿った塩は、天日で干すか、土鍋で煎れば塩の完成です。だいたい10Ｌの海水で200〜300ｇの塩が取れます。

② 味噌

味噌は作ったことがあるという人も多いのですが、自分で栽培したお米と大豆で作るのが理想的です。その場合、お米を米糀にする方法を知っておく必要があります。

これも難しくはないのですが、時間的には3〜4日は必要です。時期的にはお米と大豆の収穫が終わる11月から、空気中の雑菌が少ない翌年の3月頃までです。1kgのお米で1・1〜1・2kgの米糀ができます。

❶お米を精米し、よく洗って20時間ほど浸水します。玄米で米糀を作る場合は2分

搗きにしておきます。

❷2時間ほどしっかりと水切りしたら、セイロで40分ほど蒸します。このとき手加減無しの強火で蒸します。少しでも弱火にすると、米糀が作りにくい蒸し加減になります。

❸蒸し上がりの目安は、外側が硬く、内側がモチッとしたら成功です。指で数粒取って捏ねてみてください。最初は硬いのですが、そのうち硬めの餅のようになればＯＫです。これを外硬内軟と呼びます。

❹すぐに消毒した清潔なバットやボウルに空けて切るように混ぜて冷やします。このとき必ず温度計を挿してください。お米の温度を品温《ひんおん》といいますが、品温が45℃を切るまで冷まします。米粒を1粒ずつ引き離すつもりで混ぜてください。

❺45℃を切ったら、種麹を満遍なく振りかけます。茶漉しなどを使うと綺麗に振れます。なお、お米1kgに対し、2gほど種麹を振ってください。種麹は専門の店で販売しています。我が家では京都の「菱六」の米味噌用の種麹を購入しています。

❻種麹を振ってよく混ぜたら、お米の品温が32℃を下回らないうちに、やはり消毒した清潔な布に包み、電気毛布で包むか、炬燵や発酵器などに入れて保温します。炬

燵や発酵器の内部は、だいたい28～32℃を保つようにします。保温時間は45時間ほどになるので、長時間の作業になります。
❼途中、必ず品温を測ってください。電気毛布で包んでから12時間くらいは低めの品温で推移しますが、その後急に品温が高くなります。種麹が発芽し、麹菌が繁殖し始めています。45℃を超えると麹菌が弱くなりますので、45℃を超えそうなら、時々混ぜて品温を36℃まで下げてください。この作業を3回もしくは4回繰り返します。
❽30時間経ったら、品温が高くなっても混ぜないようにします。その代わり、品温が高い場合は電気毛布を外して品温を下げ、36℃以下になったら再び毛布に包むようにします。
❾残りの15時間は混ぜずに管理することになりますが、このときから一気にお米に白い麹菌が繁殖し始めます。
❿45時間経ったら冷やして完成です。

米糀が完成したら、味噌を仕込みます。味噌作りの方法はいろいろな本やサイトで紹介されていますので詳細は省きますが、3kgの味噌を作る場合、乾燥大豆800g、米糀800g、塩400g使用するのが一般的です。白味噌を作る場合は、米糀を乾燥大豆の3倍ほど使います。

作り方は、よく洗った大豆を2倍以上の水で20時間浸水し、水切りをして3時間ほど煮ます。指で簡単に潰れるようになったら、ひたすら潰してください。

先に米糀に塩を混ぜておき、その米糀を満遍なく大豆に混ぜ、空気が入らないように味噌樽にぎゅうぎゅうに詰め込んでいきます。そして表面にカビが生えないように、古い味噌を厚さ5㎜程度に塗っておきます。これを味噌蓋と呼びます。

米糀作り

だいたい10か月ほどで完成です。途中カビが発生したら早めに除去しましょう。

③ 醤油

醤油も自家製が可能です。醤油麹作りはだいたい4〜5日は必要です。熟成期間は18か月ぐらいです。醤油麹を作るには**大豆と小麦と塩、そして種麹**が必要です。一升の醤油麹の場合、大豆と小麦が450gずつ、塩が400g、種麹は1gです。種麹はやはり「菱六」の醤油麹用の種麹を使用しています。間違った種麹を使うと失敗しますので、よく見て購入してください。

❶大豆をよく洗い20時間ほど浸水します。水は大豆の2倍以上の量が必要です。大豆が450gなら、1L以上の水で浸水させます。

❷その間に小麦を煎ります。小麦は大豆の表面の水分を奪い、コーティングすることで茹でた大豆が納豆菌に覆われないように防御してくれます。

❸小麦を5分ほど煎ったら砕きます。砕くにはミキサーやフードプロセッサー、コーヒーミル、あるいは石臼などを使います。このとき、粉々にする必要はありません。

半分程度まで砕きます。

❹砕いたら、種麹の量に合わせて小麦を一部取り分けます。種麹を1g使用するなら100gぐらいの小麦を取り分けます。そして取り分けた小麦の温度が45℃を下回っていれば、そこに種麹を混ぜ込んでおきます。

❺浸水が終わったら大豆を茹でます。沸くまでは強火ですが、沸いたら弱火にして大豆が踊るように動く程度まで煮ます。ぐつぐつとは煮ないでください。大豆が指で軽く潰れるようなれば火を止めます。

❻ここからは時間の勝負です。大豆を湯切りし、消毒した清潔なボウルや大きな布などに広げます。そこに種麹を混ぜていないほうの小麦を振りかけ、濡れた大豆に絡ませます。大豆を小麦でコーティングするわけです。

❼混ぜたら温度計を挿して、大豆の品温が45℃を下回るまで待ちます。品温が下がったら、今度は種麹を混ぜたほうの小麦を振りかけ満遍なく混ぜます。小麦を間違えないように気をつけてください。

❽混ぜたら、清潔な布を敷いた麹蓋に入れます。麹蓋がなければ、大きなザルなどで代用します。ボウルやバットは醤油麹の場合は使いません。蒸れすぎると納豆菌が

繁殖するからです。隙間のあるザルなどが向いています。

❾混ぜたら大豆が乾かないように布を閉じて、品温が32℃を下回らないうちに、炬燵や発酵器に入れます。醤油麹を作るときは、電気毛布は不向きです。炬燵のような狭い空間を作り、その中を赤外線ヒーターや電気ストーブなどで温めます。炬燵や発酵器の中の温度は28~32℃を維持します。ここから64時間ほど発酵させます。

※炬燵には足を入れないでください。雑菌が繁殖する原因となります。

❿途中、必ず品温を測ってください。品温が45℃を超えると麹菌が弱くなりますので、45℃を超えそうなら、時々混ぜて品温を36℃まで下げてください。

⓫温め始めてから30時間経ったら、品温が高くなっても、もう混ぜません。その代わり、炬燵から出したりして品温を下げ、36℃以下になったら再び加温するようにします。

このときから大豆が乾燥するように注意しなくてはなりません。かけていた布は開けてください。布を取り外す必要はありませんが、包み込んだままだと大豆が乾燥せず、ともすれば納豆菌に支配されてしまいます。

醤油麹作り

⓬残りの34時間は混ぜずに管理することになりますが、このときから一気に大豆に緑色の麹菌が繁殖し始めます。64時間経ったら冷やして完成です。

⓭醤油麹が完成したら、塩を混ぜます。そして一升分の醤油麹に対して水1・2Lを入れて、初月は毎日、それ以降は月に一度か二度ほど混ぜて、カビが生えないように管理します。

⓮18か月経過したら、お湯を1L足して、木綿の布などで搾って醤油だけを取り出します。醤油はそのまま火にかけ、88℃まで温度

を上げたら、冷まして完成です。なお。醤油の中に小さな搾りかすが残ります。残っていると腐敗しやすいので、コーヒーフィルターなどで漉せば、綺麗な醤油になります。また、搾りかすも料理に使えます。

④ 味醂・お酢

味醂やお酢は日本酒を経由するため、自給すると酒税法に抵触します。そのこと自体に僕は疑問を呈しているのですが、法律で決められている以上、残念ながら自給するのは難しいのが現状です。

法律に抵触せずにお酢を作るのならば、市販のアルコールを購入することになります。作り方は簡単で、焼酎を購入して同量の水と同量のお酢で薄めます。あとは放置するだけです。

他には柿酢などもあります。熟した柿を皮ごと洗わずに瓶に入れ、水分が出てきたらよくかき混ぜます。

最初のひと月はよく混ぜ合わせ、1か月後から約2か月は時々混ぜる程度で放置します。酢の匂いがしてきたら、搾れば柿酢ができます。

味醂は、餅米1kgを蒸して米糀200gと日本酒1400ccを加え、混ぜながら2か月ほど放置することで完成します。あとは木綿の布などで搾れば出来上がりです。

柿酢

⑤ 油

油は菜種を搾ったものです。菜種は秋に種を蒔きます。バラ蒔きでもスジ蒔きでもかまいません。春になり花が咲き、初夏には種の収穫です。種は弾けるので、早めに根元から枝ごと収穫し、雨の当たらないところで干す必要があります。120Lくらいの大きなビニール袋に逆さまに入れておいてもいいでしょう。

乾いたら、種だけを取り出します。ゴミを取ったら、あとは搾油機で搾るだけです。通常、加熱しながら搾ることで、種の重量の40％程度の油を採取することができます。搾油機は手搾りのもので1万円台から購入できます。電気式のものもありますが、数万円の安いものは壊れやすく、壊れにくいものは数十万円します。手搾りの機械で十分でしょう。

四季折々の野菜で作る保存食

●春に収穫する野菜たちで作る保存食

四季折々、いろいろな野菜が収穫できます。春に収穫できるのは、秋に種を蒔いた野菜です。秋に蒔いたと言えば、そら豆やえんどう豆などです。あとは越冬した葉野菜やニンジンでしょう。アブラナ科なども春収穫が多く、キャベツ、ブロッコリー、小松菜、青梗菜。あとは玉ねぎやほうれん草なども夏以前に収穫期が来るものがあります。

①　豆板醤

この中で、そら豆は豆板醤にできます。豆板醤の作り方はとても簡単です。用意するものは**そら豆と米糀、塩、味噌、唐辛子**です。

豆板醤を３００g作る場合、茹でて皮を剥いたそら豆を２００g用意します。それを潰し、米糀60ｇと唐辛子20ｇと味噌30ｇと塩30ｇを混ぜるだけです。

唐辛子はできれば韓国唐辛子が良いのですが、普通の唐辛子しか栽培していなければ、それでもかまいません。

また唐辛子はミキサーなどで粉砕しておく必要があります。

混ぜたら、3か月ほど熟成させるだけですが、途中カビが発生することがあるので、こまめに確認しながら、もしカビが出ていれば除去してください。気温が高くカビが出やすい場合は、一旦冷蔵庫などで保管することも可能です。ただ、豆板醤は発酵食品なので、できれば常温に置いておく方が早く熟成します。

豆板醤作り

②　玉ねぎ麹

玉ねぎは干しておけば長期保存できますが、おすすめは玉ねぎ麹です。玉ねぎ麹を作っておくと、ちょっとした料理の味付けに利用でき、味も深くなります。パスタやスープ、ドレッシングにも使えますし、肉類や魚類の漬け床にもなります。これも玉ねぎが持つグルタミン酸のおかげです。

作り方も簡単です。玉ねぎ300gをフードプロセッサーやミキサーで砕きます。持っていなければ、おろし金でおろしてもいいでしょう。

その玉ねぎに塩切りした米糀を混ぜます。米糀は100g、塩は30gです。米糀と塩を先に混ぜておき、すりおろした玉ねぎに混ぜるだけです。あとは瓶に入れて常温で1週間ほど発酵させます。完成後は冷蔵庫保存してください。

●夏に収穫する野菜たちで作る保存食

夏になると、春に種を蒔いた野菜や苗を植えた野菜の収穫が始まります。ナス科やウリ科など果菜類が多いと思います。ナス科は、ナス、ピーマン、そしてトマトやジャガイモ、ウリ科はキュウリ、ズッキーニ、カボチャ、スイカ、メロンなどでしょう。この中でもトマトとナスは保存することが可能です。

①　トマトソース

生食の果菜類は収穫後からどんどん朽ちていき、1週間ほどで食べられなくなるので、食べる分だけ収穫したいところですが、栽培者の予定通りにはいかないものです。栽培が上手くいけば、食べきれないほどの量を収穫できることがあります。トマトなどはソースにしておけば1年以上は持ちますし、パスタだけでなくいろいろなソースに早変わりするので、おすすめです。

トマトソースは先に説明していますので説明は省きますが、単に煮詰めるだけです。この時点では味付けせず、使うときに、料理に合わせて味付けする方が便利です。

煮込んだ後、皮が気になるかもしれません。その場合は、湯むきしておけばいい

トマトソース作り

のでしょうが、数が多かったり、ミニトマトだと大変手間がかかったりするので、皮ごと煮込んだ後、熱いうちにバーミックスのような粉砕機やミキサーなどにかけて、砕いてしまっても良いと思います。
完成したら、煮沸消毒した瓶に入れ、脱気処理をします。脱気処理の方法ですが、鍋に瓶を置き、瓶の下が3分の1くらい沈む程度のお湯を入れ、火にかけて沸騰させます。そのとき瓶の蓋は完全に閉めずに載せておく程度にします。
お湯が沸騰したら2分間ほどぐつぐつさせます。このとき熱により酸素が瓶から抜けていきます。
2分後に瓶の蓋をギュッと閉め、鍋から取り出して冷やします。
これで中の空気が抜けて、瓶の中身は1年以上変質せずに保存できます。

② 干し野菜

ナスなどの保管は難しいものです。カボチャなどは年内であれば放置しておいても腐りませんし、置けば置くほどデンプンが糖化して甘いカボチャになります。

しかしナスやズッキーニはそうはいきません。そこでこれらの野菜は薄切りにして、天日で干しておくという方法があります。天日で干す場合は湿度が低く天気が良い日が1週間続けばいいのですが、天候が悪い場合は、ディハイドレーターのような乾燥機で乾燥させておけば、これも数か月間は保存可能です。

●秋に収穫する野菜たちで作る保存食

収穫の秋とさえ言われますが、秋になると穀物の収穫が始まります。特にお米、そして大豆、小豆、雑穀などです。小麦は秋蒔きなので、初夏の収穫ですが、春蒔きの小麦は秋の収穫です。秋は主食の収穫期でもあり、穀物はそもそも保存食ですので、虫やカビに気をつければ、1年以上保管できます。秋は夏蒔きの野菜の収穫期でもあります。夏植えのキャベツ、ブロッコリー、カリフラワー、レタス、ニンジン、ジャガイモ、サツマイモ、あとはサトイモ、ショウガなどです。

すりショウガ

①　すりショウガ

ショウガは保管の難しい根菜です。寒さに弱く、乾燥にも弱く、あっという間に萎んだり、カビたりします。そこで、ショウガをすりおろし、瓶に詰めて常温で2週間ほど置いておきます。そのうち発酵してきますので、香りが甘くなったら、あとは冷蔵保存すれば、すりショウガの状態ですが数か月は日持ちします。

② 糠漬け

保存食の王様と言えば**糠漬け**です。糠漬けは長く漬けておくと味が変わりますが、腐敗しにくくなるので、保存には適しています。

糠漬けの作り方は、もう多くの方が知っていることなので、あえて説明する必要もありませんが、無農薬でお米を栽培しているのであれば、無農薬米ぬかによる糠漬けはとても貴重です。

作り方を簡単に紹介しておくと、まず**米ぬかに塩と水**を混ぜます。米ぬかが1kgの場合、塩は100g、水は1Lほどです。先に米ぬかと塩を混ぜ、その後に水を少しずつ入れてよく捏ねておきます。

この米ぬかを樽などに詰め、最初は捨て漬けをします。野菜を切り落とした端のほうなどのクズ野菜を漬けておきます。この捨て漬けで発酵が進みます。このとき、表面を平らにし、樽に周りについた米ぬかはしっかり落としておきます。周りからカビてくるからです。

2週間もすると発酵してきますが、その間にカビが出たり、臭くなったりすることがあるので、必ず途中で手で混ぜるようにしてください。普通は発酵の良い匂いがするのですが、時に酢酸生成菌が繁殖し、エチルアルコールのような匂いがしてくることがあります。この匂い付くと取れないので、忘れずにしっかりと混ぜてください。発酵臭がしてきたら、捨て漬けの野菜は取り出し本漬けします。大根やカブ、その他果菜類は糠漬けにすると良いと思います。糠床は毎日混ぜたほうがいいのですが、もし混ぜられない場合は、冷蔵庫などに保管しておくと失敗することは少ないと思います。ある程度漬け終わったら、糠床から取り出し、糠が付いている状態で、家庭用の真空パック器で真空保管すれば長く食べることができます。

種採りのこと

さて、この章の最後に、種採りについて紹介しておきます。

自給的な農業であるおひとり農業では、できるだけ何も買わずに行うことを理想としています。当初は資材や道具や機材が必要ですが、できるだけ買い物しないで野菜を栽培しない限り、結局野菜を買ってくるのと大差がなくなってしまいます。そのためには無農薬である必要がありますし、無肥料であればなお良いですし、もちろん種も自給できれば、それに越したことはありません。

① 果菜類の種採り

果菜類の種採りが最も簡単かもしれません。特に完熟果で食べる野菜は、食べるときに種が採れます。完熟果で食べる野菜とは、トマト、カボチャ、スイカ、メロンなどです。これらの実を割ると中に種が含まれていますので、それを流水で洗って乾かすだけです。

ただし、トマトのようにゼリーに包まれている種は、ゼリーを除去するのが案外大変なので、たとえばゼリーごとボウルなどに出して、3日間ほど常温で放置しておくと、ゼリーが発酵して水っぽくなってきますので、そのタイミングで採種します。発酵ではなく腐敗することもありますので、あまり長く放置するのはおすすめできませんが、大概、3日もあればゼリーは緩んできます。

種だけを取り出したら、あとは乾燥させますが、このとき天日で乾燥させてもいいのですが、室内でゆっくり乾燥させるほうが安全な場合があります。天日ですと急な雨によって種が水分を吸収して発芽してしまったり、鳥の被害や、風で飛ばされたりすることもあります。そのくらい軽い種です。また天日ですと思わぬ乾燥しすぎることもあり、注意が必要です。

乾燥させるときは、木綿のサラシや布巾の上で乾かし、72時間ほど乾燥させたら、瓶に入れて、できれば乾燥剤を入れて冷蔵庫保管します。3年くらいは発芽可能です。

未熟果で食べる野菜の場合は、収穫せずに完熟するまで待つ必要があります。未熟果といえば、ナス、ピーマン、キュウリ、ズッキーニなどです。これらは食べごろのときにはまだ種ができていません。どの野菜も食べごろから、45日後くらいが採種タイミングです。

ナスなら艶がなく硬くなったとき、ピーマンなら赤くなったとき、キュウリは太く黄色くなったとき、ズッキーニは大きく硬くなったとき。

キュウリは食べごろの大きさの2倍ほどの大きさ、ズッキーニは食べごろの大きさに対して3倍以上の大きさになります。

熟せば、あとは完熟果の種採りと基本同じです。採種したらすぐに洗い、そしてすぐに乾燥させます。キュウリやズッキーニなどのウリ科の種は水に浮きやすいので、浮いた種でも良いのですが、ナス科の種は水に沈んだ種の方が発芽率の良い種です。

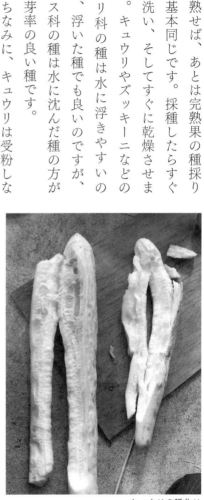

ちなみに、キュウリは受粉しなくても実をつける特殊な野菜で、こういう野菜を単為結果と言い、バナナやパイナップルもその種類です。つまり完熟していても種がない場合があるので、ひとつではなく複数の実を残しておくほうが安全です。

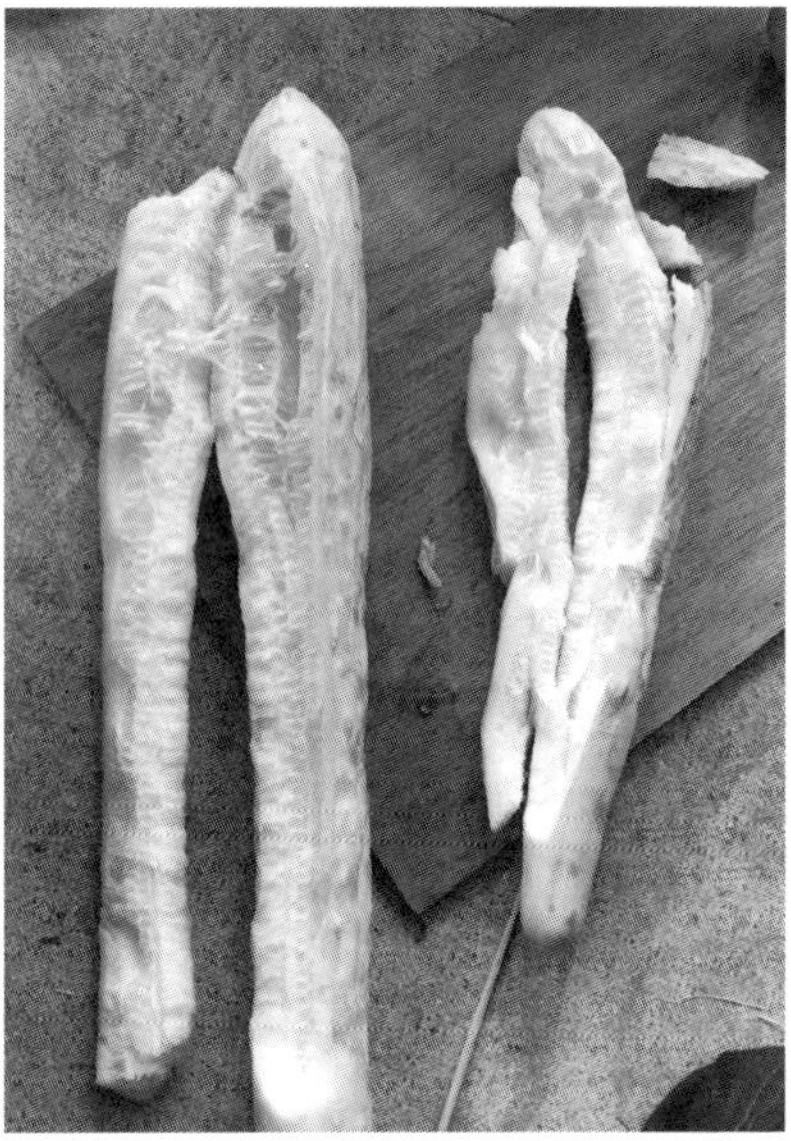

キュウリの種作り

② 根菜類の種採り

根菜類とは、ダイコン、カブ、ニンジン、ゴボウなどです。ここでは芋類は含めません。これらの種を採る場合、一旦土から抜きます。そして形が良いもの、病気や虫食いのない個体を選び、畑の隅にもう一度埋め込みます。こうすることで畑の有効利用ができます。

大根の種と花

植え替えるときは、葉っぱだけが地表面から出るようにしっかりと植えます。多くの野菜は秋に収穫して植え替え、冬を越えて春に種を採りますので、寒さ対策にもなります。

アブラナ科は他家受粉で自家不和合という性質を持っています。これは自分の花粉では受粉できない性質のことで、必ず3株以上植えておく必要があります。また、他の品種の花粉がつかないように、独立した虫除けネットをかけておく必要もあります。

越冬に成功する必要がありますので、寒い地域では藁などを使って保温する必要もあります。春になれば種が採れますので、種が熟したら少し早めに収穫してください。

鞘ができ、その中に種ができるものが多いのですが、鞘が弾けてしまったら地面にバラ蒔かれてしまいますので、鞘が茶色くなれば早めに切り取り、ビニール袋に逆さまにして入れて保管します。種として利用する場合は、鞘から種を取り出してください。多少のゴミが混ざっていてもかまいません。

③ 葉野菜の種採り

葉野菜といってもその種類は多いので、単純には説明しきれませんが、葉野菜は花が咲く前に収穫してしまうものなので、花が咲いて種がつくまで長い時間待つ必要があります。

葉野菜といえば、代表格なのがアブラナ科の野菜です。その他、レタスやほうれん草なども葉野菜です。いずれにしろ、食べる野菜としての収穫期までは2〜3か月ほどですが、種を採る場合は、半年から、長いもので10か月ほど必要です。

アブラナ科は先にも説明した通り、自家不和合という性質があり、自分の花粉では受粉できないので、3株以上を近距離で残しておく必要があります。また、越冬が必要になりますので、寒さ対策も考えておく必要があります。

そのうち花が咲き、花が散って30〜45日後くらいには種ができます。種は弾けるものがあるので、弾ける前に収穫してください。鞘や種が茶色くなれば収穫期です。収穫後は必ず瓶に入れて冷蔵保管してください。

小松菜の種

④ 豆類の種採り

豆類は穀物です。穀物はそもそも種を食べるものなので、食べるものと種として残すものを分けるだけです。種として残すものは、虫食いや病気がなく、なるべく生育の良いものを取り分けてください。生育が良く病気もない株を、収穫前から複数選んでおいて、その株から収穫した豆を種にしてもいいでしょう。

そら豆の種

なお、青い状態で食べる豆、たとえばえんどう豆、そら豆、枝豆などは、青い状態では収穫せず、鞘が茶色くなり中の種が鞘の中でカラカラと鳴り始めるまで待ってください。

おわりに
生きぬくために自分でできること

食べものを生み出せる知恵

「生きぬく」というとピンとこないかもしれません。今はそれなりに幸福ですし、食べものにも溢れ、欲しいものは買える、そんな時代です。

贅沢を言わなければ仕事も見つかるこの日本は、確かに平和な国なのかもしれません。だからこそ、「生きぬく」と言われると、戦争でもないのにそこまで神経を尖らせなくてもいいだろうと思うのは当然です。

しかし第1章で書いたように、現代の人々の暮らしは決して豊かでもなく、健康的でもないと僕は思っています。なぜなら、この国の自殺者の数、病気に苦しむ人の数、嫌な仕事に従事していて辞められない人の数がとても多いからです。

一度しかない現世の人生を、本来ならば好きなことをやりながら、健康的にそして豊かに暮らしていくべきです。しかし、残念ながら今はそれがままなりません。

その理由は、僕は**今の経済社会の機構**に問題があると思っています。第1章で書いたように、元々**物々交換が生きる基本**であり、**自分が得意とすることと仲間が得意とすることを交換し合うような暮らし方**が当たり前でした。

しかし、貨幣経済によって、物や知恵や知識というものの価値が貨幣に置き換えられてしまいました。そしてそれによって、多くの価値観が捩れ、貧富の差が生まれ、幸福な人と不幸な人を生み出してしまったのではないかと思うのです。

さらに言うならば、貨幣を使うことで、人々の良好な関係は途切れてしまいました。ファイナンス（Finance）の語源は、中世フランス語で**「終わる」を意味する** finer です。つまりFinishです。お金を払うことで、提供者と享受者の関係が終わるということです。それこそ孤独な生き方を生み出していった原因ではないかとすら思うのです。

この本のタイトルは、**「おひとり農業」**です。これはとても逆説的な使い方を僕はしています。今の時代、多くの関係を断ち切り、1人でも生きていける術を持たなければ、周りの影響を受けすぎて生きていくのが辛くなってきます。嫌な人間関係も、嫌な上司との関係も断ち切らなければ、現代では好きなことをして健康的に豊かに暮らすことなどできません。

もし、皆さんが仮にやりたくない嫌な仕事や、付き合いたくない嫌な人間関係があり、でも食べものを手に入れるためには我慢しなければならないという状況にあるのならば、思い切って人間関係を断ち切り「おひとり農業」を始めてみてはどうだろうかと思います。

お金を稼ぐというのは、もちろん家を買い、買いたいものを買い、光熱費を払い、税金を払い、教育費を払うためでしょう。

しかし一番大きいのは**食べものを得る**ということです。人は食べものを手に入れなければ生きていくことはできません。だからこそお金を稼ごうと、誰もが必死になります。しかし、もし、**食べるものを自分の手で生み出せる知恵と知識と経験**を持ったとすれば、最低限、**何があっても生きていける**という自信につながります。

そしてその自信さえあれば、嫌なことから逃れるエネルギーにもなるのではないでしょうか。

人が生きていくために必要なのは、**「空気」「水」「食べもの」**。これらを、お金を使わずに手に入れることが、実は幸福な生き方への最短距離です。

だからこそ今、この「おひとり農業」が必要です。自分の力だけで生きていけるという自信が、どれだけ暮らしやすさにつながるのか、それは経験した者しかわかりません。ですので、ぜひ皆さんも、この時代を生きぬくために、**食べものを生み出す知恵と知識**をつけてほしいと思います。

同じ考えを持つ人たちでつながっていくのも、実は大切なポイントです。「おひとり農業」とは、仙人のように山に籠って、孤独な自給自足的な暮らしをするという意味ではありません。**人に頼らなくても生きていける人たちがつながり、助け合い、そして更なる大きな力と自信をつけていくのが、本来のあり方です。**それがまさに縄文時代の生き方なのです。

おひとり農業で生み出せるもの

農で生み出せるのは、何も食べものだけではありません。衣食住の衣料もそして同じ読みですが、医療も農と大きく関わってきます。

洋服は植物から作られます。もちろん羊毛や絹もありますが、木綿や麻は植物です。色を染めるのにも植物を使います。さらには体調が悪くなれば、野草で身体をメンテナンスすることもできます。つまり人々の暮らしの中で、植物というのは、食べものだけでなく、生きていくために必要なものすべてに関わっているということです。

僕は**亜麻**や**和綿**を育てています。これらを布にするまでは大変な労力が必要なのですが、いつかはこれらで自分の服を編んでみたいと思っています。

もちろん染めも植物染めです。今、**蓼藍**《たであい》も育てていますが、これは葉っぱの中にインディゴと呼ばれる青い色素があり、この色素を取り出し、**藍染**という方法を使って布を染めようとしています。藍染自体は実は大変難しいことなので、同じ市内にある藍甕を持つ洋品店さんとコラボで藍染をしようと活動しています。

他には**苧麻**《からむし》という植物も育てています。苧麻は**ノガラムシ**という雑草を使っていますが、雑草なので、畑の周りにたくさん生えています。この苧麻から繊維を取り出し、暖簾などを作ろうかと考えています。

他には、渋柿を使った**柿渋染**などもできるでしょうし、**玉ねぎの皮**でも染めることはできます。目の前に植物があれば、可能性は無限大に広がっていきます。

昔ながらの着物や浴衣というのが、僕の築200年の家にもあります。

これらを解いていけば、反物が無料で手に入ります。これを直線断ちだけで服を作る技術を使ってパンツやシャツに仕上げています。

曲線がなく直線だけで作れる服なので、ハギレがほとんど出ません。これは、生地が貴重だった頃の、布を大切した縫製技術で再現できます。今、僕が作っているのは、郡上市の石徹白《いしとろ》という地域で作られていた「たつけ」というズボンと「越前シャツ」と言われるシャツです。

医療に絡めていうなら、僕は**野草**に注目しています。西洋医療に助けられることもありますが、日本には**昔ながらの民間医療**というものがありました。古くは大麻を使用した医薬品でしたが、現在は法律上、大麻の栽培は難しいので、畑に生えている様々な野草を使って病を癒しています。

たとえば、よくある野草でいうなら、**ドクダミやヨモギ、あるいはスベリヒユ**。これらは虫刺されや怪我の血止めなどに利用できます。ブヨに刺されたら、すぐにドクダミを採取して刺されたところに塗り込めば、かゆみも腫れも引いていきます。鎌で怪我をしたら、ヨモギの葉を貼って血止めをしたり、蚊に刺されたら、スベリヒユを揉んで刺されたところに塗り込んだりしています。

他にも、胃腸の調子が悪いときは、**ユキノシタ**をお浸しにして食べたり、**センブリ**を舐めたり、**ゲンノショウコ**を使うこともあります。これらは即効性がないように思われていますが、案外早く効果を感じることがあり、医薬品としての役割までとはいかなくても、病院に行くほどではないときには、とても役に立ちます。

「おひとり農業」では、こうした知識も得ておく必要があります。

体調が悪いからと医薬品にばかり頼っていたのでは、お金も必要ですし、副作用も気になります。しかし、いざというときにこうした知識を持っていれば、必ずいつかは自分を救うことになります。

「おひとり」とは自分を見つめ直すこと

長く「おひとり農業」について書いてきました。

僕自身がおひとり農業を未だに続けているのですが、これは生きぬくためというよりも、**「幸福に生きるために続けている」**と言っても過言ではありません。

そして孤独に生きているわけではなく、「おひとりだからこそ」助け合いの大切さを知っているのです。

1人でできることには限界があります。限界だけでなく、得手不得手もありますし、好き嫌いもあります。僕のお弟子さんでもある「耕師《たがやしし》®」たちの中には、山で木を切り、薪を作る人も、家具を作れる人もいます。家を自分で直してしまう人もいれば、獣を仕留めて捌ける人もいますし、料理に長けている人もいます。服を上手に作る人もいるし、とても美味しい加工品を作る人もいます。病に苦しむときに鍼灸で癒せる人もいるし、なんならファイナンシャルに長けた人さえもいます。

そして僕の地域では、カフェをやったり、パン屋をやったり、ドブロクを作ったり、お菓子を作ったり、美味しくコーヒーを淹れたり、フランス料理を作れる人もいます。あるいは地域の古道具をリメイクする人もいます。言い出したら切りがありませんが、こういう人たちと強くつながり、僕はいつも助けられて生きています。

その代わり、僕には作物を作る知恵、調味料を作る知恵、そして生きていくための心構えを語る経験もあり、それらをこの仲間たちに提供し、お互いに助け合って生きています。それというのも、僕がずっと「おひとり農業」に勤しみ、畑で作物を観察し、悩み、考え、いろいろな答えを持てたからです。

「おひとり」と言う言葉ですが、その言葉の中には、**自分を見つめ直す**という意味も含まれています。他人軸ではなく自分軸で動きながら生きていく。そして各々が得た知識と知恵と経験をもとに、**お互いに助け合い、励まし合い、共有し合う、それが「おひとり農業」の真髄なのです。**

神は万物に宿る

最後に、神は万物に宿るという話を書いて終わりにします。

これは縄文時代からの考え方です。今のような人格神（人格を持つ神）でもなければ、人の神格化でもありません。この地球上で生命を生み出していく者、それこそが神であり、その神はすべての物に宿っていると考えます。

僕は、神がいるとするなら、それは**微生物**だと思っています。なぜなら、微生物がいなければ生命は生まれないからです。そしてすべての物に微生物がいます。これこそが神は万物に宿るという事実です。

栽培が上手くいかないときも、あるいは見事に成功したときも、神に祈り、神に感謝するなら、育ってくれた作物たちに祈り、作物たちに感謝します。その心構えが植物を育てるのではないかと僕は考えています。

この本の中でも書きましたが、植物は触られ、声をかけられることで育つことがあります。僕らが植物に対して、率直に感謝し愛情を注いでいれば、必ず植物たちはそれに応えてくれます。

あなたは畑では1人かもしれません。しかし周りには多くの植物たちと、虫たちと、土壌動物たちと、そして微生物たちが蠢いています。そして、あなたがやろうとしていること、あなたが命をつなぐために育てようとしている作物たちを、一緒になって育て、あなたの命の変えようとしてくれているのです。

僕らの身体は、そんな生き物たちによって支えられています。その生き物たちの命をいただいて、自分の命を長らえさせてもらっているのです。だから常に自然に感謝し、愛情を注ぎ、無駄に微生物や土壌動物や虫たちや草たちを殺さず、命を大切にするために、農薬や除草剤などをできるだけ使わずに、「おひとり農業」に励んでほしいと思っています。

それが、環境活動家でもあり、無肥料栽培家でもある僕の最大の願いです。

2024年5月吉日

岡本よりたか

〈著者紹介〉
岡本よりたか（おかもと・よりたか）
1958年、福井県出身。岐阜県郡上市在住。無肥料栽培家・環境活動家。「たねのがっこう」主宰。TVディレクター時代、取材を通して農業の環境や健康への破壊的ダメージを知り、またITエンジニア時代、効率化という名の非効率な経済社会のシステムを知り、40歳半ばで、社会に背を向け、山梨県北杜市に移住して山暮らしを始める。その後、自然農法を学び、それをヒントに、自分なりの農法を確立しながら農業に勤しむも、生活苦に陥る。しかし、そのお陰で、「人は水と太陽と空気と種さえあれば生きていける」という真実に出会うことになる。それ以来、経済社会の不自然さを訴える講演活動を開始。当時、自家採種を禁じる遺伝子組換え種子のことも知り、世界を制するバイオテクノロジー企業への警告の意味で、SNSにて、種に関する情報発進も始める。現在は、岐阜県郡上市に再移住し、自家採種の大切さを訴えるセミナーや講演を開催しながら、生き苦しいこの世の中を生き抜くための手段としての、自然農法の普及にも努めている。無肥料栽培セミナーや講演活動は年間150日ほど全国にて開催しており、その傍ら6反の畑で農業も続けている。また、民間のシードバンクである「たねのがっこう」を主催し、農業スクールなども開催している。最近は、次世代の農家を育成する「耕師（たがやしし）」制度を発案している。著書に『種は誰のものか』（キラジェンヌ出版）、『無肥料栽培を実現する本』（笑がお書房）、『野菜は小さい方を選びなさい』（フォレスト出版）などがある。

おひとり農業

発 行 日　２０２４年７月１日　第１刷発行

著　　者　岡本よりたか
発 行 者　清田名人
発 行 所　株式会社内外出版社
〒110-8578 東京都台東区東上野2-1-11
電話 03-5830-0368（企画販売局）
電話 03-5830-0237（編集部）
https://www.naigai-p.co.jp

装　　幀　福田和雄
本文ＤＴＰ　中富竜人
挿　　絵　オカモトデザイン
校　　正　ぷれす
編　　集　鈴木七沖（なないち）

印刷・製本　中央精版印刷株式会社

ISBN 978-4-86257-698-9 C0030

【内外出版社の本】

運を整える。 著者：朝倉千恵子

自分の人生の手綱を自分で握ることが
運を整え、強運を手にいれる第一歩。

定価 1,870円
ISBN978-4-86257-689-7

本当の強運になるための運を整える48のルール

第1章　人生は「運」が支配する
第2章　出会い運こそ人生運
第3章　愚かな人にならないために
第4章　正々堂々が最強の戦略
第5章　魂を磨く